CB130044

EDITORA DO CONHECIMENTO

Auxiliando a humanidade a encontrar a Verdade

Luzes da Teosofia

© 2019 – Conhecimento Editorial Ltda

Luzes da Teosofia – Vol. 4

Autores diversos

Todos os direitos desta edição reservados à
CONHECIMENTO EDITORIAL LTDA.
Rua Prof. Paulo Chaves, 276 – Vila Teixeira Marques
CEP 13480-970 — Limeira — SP
Fone/Fax: 19 3451-5440
www.edconhecimento.com.br
vendas@edconhecimento.com.br

Nos termos da lei que resguarda os direitos autorais, é proibida a reprodução total ou parcial, de qualquer forma ou por qualquer meio — eletrônico ou mecânico, inclusive por processos xerográficos, de fotocópia e de gravação — sem permissão por escrito do editor.

Organizador: Edilson Almeida Pedrosa
Projeto gráfico: Sérgio Carvalho
Ilustração da capa: Banco de imagens

ISBN 978-85-7618-465-2
1ª Edição
Fevereiro 2019

• Impresso no Brasil • Presita en Brazilo
Produzido no departamento gráfico da

Conhecimento Editorial Ltda
grafica@edconhecimento.com.br

Dados Internacionais de Catalogação na Publicação (CIP)
Angélica Ilacqua CRB-8/7057

Luzes da Teosofia – Vol. 4 / Organizado por Edilson Almeida Pedrosa — Limeira, SP : Editora do Conhecimento, 2019.

1706 p. (Teosofia: A força da Verdade)

Diversos autores
ISBN 978-85-7618-465-2

1. Teosofia 2.Ciências ocultas 3. Espiritualidade 4. Filosofia I. Pedrosa, Edilson Almeida

19-0230 CDD – 130

Índices para catálogo sistemático:
1. Ciências ocultas : Esoterismo

Autores diversos

Luzes da Teosofia

Volume 4

1ª edição
2019

EDITORA DO CONHECIMENTO

É da natureza humana esquecer os benefícios daqueles que, em hora ingrata, depois de nos cobrirem de favores, nos infligem qualquer contrariedade. Poderias tu manter a tua lavoura se a **água**, distribuída pela chuva, não viesse amolecer o chão, alimentar as plantas, dar de beber aos animais e renovar as fontes? Se a carícia do **ar**, movimentando a brisa, não viesse agitar as plantas para que a seiva circule, transportar o pólen para fecundar as flores, refrescar as tardes para aliviar a face da Terra ao beijo ardente do Sol? Pois não foi o raio que ensinou aos homens o milagre do **fogo**, sem o qual o ferro não seria forjado, o barro não seria transformado em pedra, o pão não seria cozido?
Mas tudo tem a sua medida, as suas proporções, as suas barreiras onde termina o bem e onde começa o mal. ...
Então volta para a tua labuta e beija a **terra**, agradece à **água**, glorifica o **ar**, abençoa o **fogo** e eleva para o **céu** a tua prece. É essa a linha de serviço que compete à tua alma de místico, capaz de render um culto devocional aos poderes que sustentam o mundo. Vai!

Buda instruindo os discípulos

Sumário

Prefácio

> Um livro aberto é um cérebro que fala; fechado, um amigo que espera; esquecido, uma alma que perdoa; destruído, um coração que chora. – Tagore

A teosofia é o acervo de conhecimentos das causas da existência de tudo no Universo retido por um grupo de seres extraordinários chamados adeptos, cujas mentes estão em perfeita sintonia com a Mente Universal. Além da busca incessante pelo conhecimento e sabedoria universais, as doutrinas teosóficas firmam-se também nos preceitos do amor, da fraternidade e do não egoísmo. É nesse manancial infinito e eterno da verdade, do amor e da sabedoria universais onde se assentam todas as religiões e encontra-se a essência dos sistemas filosófico-religiosos da antiguidade. A teosofia unifica, explica e harmoniza filosofia, ciência e religião, e o exame apurado da literatura teosófica autêntica deixa transparecer claramente essa concordância fundamental.

O movimento teosófico moderno, fundado por H. P. Blavatsky e Henry Steel Olcott, no último quartel do século XIX, espalhou-se pelo mundo e tem se tornado cada vez mais conhecido na atualidade. Grande parte do sucesso dessa nova corrente de pensamento deve-se à notável obra escrita deixada por Blavatsky, a qual se coloca como um dos capítulos mais destacados da criatividade humana. Percebe-se naquele magnífico edifício literário uma espantosa demonstração de talento, erudição, inspiração, visão profética, profundidade espiritual, constituindo-se um fenômeno inexplicável que ainda choca e surpreende a mente da maioria das pessoas que entram em contato com ele. A grandiosa obra de Blavatsky compõe-se não apenas dos muitos e importantíssimos livros que publicou, mas também de numerosos artigos editados por vários periódicos e que formam, em seu conjunto, um acervo monumental. Boris de Zirkoff, sobrinho de Blavatsky, colecionou notas, diários, artigos, cartas, bem como todos os seus livros publicados, perfazendo uma coleção, em 14 volumes, que foi denominada The Blavatsky Collected Writings e totaliza mais de 8000 páginas.

Além de todo esse rico material provindo da fundadora, que contém ensinamentos valiosos, com suas instruções particulares, inclusive as que ela transmitiu depois de 1888 aos membros da Seção Esotérica da Sociedade Teosófica, os atuais teósofos dispõem de uma quantidade volumosa de livros, pesquisas e artigos elaborados por teósofos notáveis de grande erudição e espiritualidade, sendo alguns deles companheiros de primeira hora dos fundadores da Sociedade Teosófica e outros que se destacaram em fases subsequentes de desenvolvimento e expansão da teosofia pelo mundo, inclusive na atualidade. Só para lembrar alguns nomes, podemos citar, dentre dezenas de outros igualmente importantes: A. P. Sinnett, William Q. Judge, H. S. Olcott, Annie Besant, T. Subba Rao, C. W. Leadbeater, G. R. S. Mead, Gerald Massey, Franz Hartmann, Ernest Wood, C. Jinarajadasa, Arthur A. Powell, N. Sri Ram, Geoffrey Hodson, Gottefried de Purucker, Boris de Zirkoff, Clara M.Codd, P. G. B. Bowen, Geoffrey Farthing, N. Bhashyacharya, R. B. Holt, Parabolanus, Frederick Hockley, Geo. C. Williams, Ianthe Hoskins, A. L. Pogosky, Bhagavan Das.

Após quase 150 anos da fundação da Sociedade Teosófica, ocorrida em 1875, a tremenda produção literária dos teósofos e pesquisadores vinculados, discípulos ou não dos mestres de sabedoria, especialmente os milhares de artigos produzidos, encontram-se à disposição dos estudantes de filosofia esotérica na forma de livros e outras publicações ou até mesmo na internet. Porém, quase tudo se encontra redigido em línguas estrangeiras, especialmente a inglesa, o que dificulta enormemente os pesquisadores e buscadores da vida espiritual de língua portuguesa com desconhecimento de outros idiomas.

Há, por conseguinte, grande demanda a ser suprida por mais publicações na nossa língua que exponham integralmente o pensamento dominante e as tendências atuais que derivam dos ensinamentos valiosos da Sabedoria Antiga. A **EDITORA DO CONHECIMENTO** espera agora que esse anseio possa ser satisfeito com a publicação da presente série de volumes do selo 'Luzes da Teosofia'. A profícua produção literária sob a forma de artigos produzidos por Blavatsky e os mais destacados teósofos do passado e da atualidade serão disponibilizados, a cada mês, sob o formato de livros numa série sem prazo determinado para terminar. A Editora espera que essa antologia do conhecimento divino, exposta magistralmente por qualificados pesquisadores da verdade eterna, possa se constituir num roteiro seguro de acesso ao conhecimento esotérico.

Os teósofos caracterizam-se especialmente por serem livres pensadores. Desde a sua fundação, a Sociedade Teosófica, apesar de ter o seu corpo doutrinário, nunca impôs aos seus membros renúncia às crenças particulares e aos ensinamentos e dogmas de suas religiões, a única exigência é com a prática da fraternidade e o respeito mútuo. De sorte que não se deve esperar nos textos apresentados nesta série ora lançada inteira coerência e concordância uns com os outros, pois cada autor teosófico tem o direito de expressar livremente o pensamento de qualquer escola a que esteja vinculado, mas jamais o de menosprezar opiniões opostas à sua ou de forçar qualquer pessoa a aceitar os seus pontos de vista.

A Influência de H. P. Blavatsky na Arte[1]

Ianthe Hoskins

Comentários sobre o trabalho e obras de Madame Blavatsky e elogios aos seus dons pessoais e qualidades certamente continuarão a ser escritos enquanto houver estudantes capazes de apreciar a sua contribuição ao pensamento mundial. É improvável que venha surgir muita originalidade da pena desses comentaristas; mas, se isso sugere que eles estão perdendo seu tempo, deve-se ter em mente que continuam a nascer novas gerações de leitores a quem os escritores mais antigos podem nunca influenciar. Para eles, mesmo a maioria dos comentários e elogios mais batidos podem parecer novos, e aqui e ali alguma afirmação ou ideia, embora muitas vezes repetida, na verdade, durante os últimos cem anos, pode atrair a atenção de um estudante e levá-lo a explorar por si mesmo o objeto das observações.

> H.P.B. se destacará em todos tempos vindouros como aquela que trouxe a luz e inaugurou uma nova era de sabedoria.

Se fosse compilada uma antologia sob o título geral de 'Em louvor de HPB', um lugar certamente deve ser dado a uma passagem de C. Jinarajadasa no livro *The Golden Book of the Theosophical Society* [O livro de ouro da Sociedade Teosófica], publicado em 1925, livro de autoria de C. Jinarajadasa,

[1] Título original *The Influence of H.P.Blavatsky on Art*, em The Theosophist, 1981. Tradução de Edilson A. Pedrosa.

em comemoração do Jubileu da Sociedade. Ele destaca, entre os muitos serviços de HPB para o mundo, 'a unificação que produziu, através de seus escritos, nos vários departamentos da verdade em que os homens têm trabalhado ao longo do tempo'. Depois de desenvolver esse tema em meia página, ele conclui dizendo que "em nossos dias, ela foi a primeira a construir uma ponte entre religião, ciência, filosofia e arte e a erigir esse edifício intelectual em que milhares vivem hoje, encontrando através da teosofia a realização de todas as suas esperanças e sonhos. H.P.B. se destacará em todos tempos vindouros como aquela que trouxe a luz e inaugurou uma nova era de sabedoria."

Isto é mera retórica? Religião, ciência e filosofia – sim; Mas arte? Passemos ao testamento artístico de Wassily Kandinsky, escrito em 1910 e publicado dois anos mais tarde, sob o título *Uber das Geistige em der Kunst* ("Sobre o Espiritual na Arte'). Foi em 1910, de acordo com um livro de memórias de sua viúva, que, tendo já começado a afastar-se da pintura representativa em direção à arte abstracionaista, Kandinsky 'pintou sua primeira obra inteiramente apartada de um objeto' e com isso lançou 'a era da arte não objetiva'. Mais tarde, escreveu que esta arte 'cria, juntamente com o mundo real, um mundo novo que não tem nada a ver externamente com a realidade. Ela subordina-se internamente às leis cósmicas.'

Ao apresentar a afirmação de sua nova visão de arte, Kandinsky sugere uma representação gráfica da vida do espírito como um triângulo 'dividido horizontalmente em partes desiguais' e movendo-se 'lentamente, quase invisivelmente, para a frente e para cima.' Embora possa ser apenas um homem, solitário e incompreendido (ele dá o exemplo de Beethoven), encontra-se no ápice, no entanto, 'onde o ápice foi hoje, o segundo segmento será amanhã.' Desenvolvendo essa imagem do triângulo em movimento, ele se refere aos bravos cientistas de seu tempo que estão 'dedicando sua energia à investigação científica sobre problemas obscuros' e que ' ultrapassam os limites da prudência e perecem na conquista da nova fortaleza científica.' Em uma nota de rodapé a essa passagem, ele se refere dentre outros a Crookes e Flammarion (que sabemos terem sido ambos, ao mesmo tempo, membros da Sociedade Teosófica) e a cientistas que 'se voltavam para as ciências ocultas e reconheciam os fenômenos transcendentais.'

> A Terra será o céu no século XXI em comparação com o que é agora.

A passagem que se segue a essa pesquisa da cena contemporânea é de particular relevância para o nosso tema.

Além disso, está aumentando o número daqueles homens que não confiam nos métodos da ciência material quando ela lida com questões que têm a ver com a "não matéria", ou com matéria que não é acessível aos nossos sentidos. Assim como a arte procura ajuda dos primitivos, aqueles homens estão se voltando para métodos meio esquecidos. Entretanto, estes métodos ainda estão vivos e em uso entre as nações que nós, do alto do nosso conhecimento, estamos acostumados a considerar com pena e desprezo. A estas nações pertence o povo da Índia, que, de vez em quando, confronta nossos estudiosos com problemas que passamos sem atentarmos ou ignorando-os. Madame Blavatsky [sic] foi a primeira pessoa, depois de muitos anos passados na Índia, a ver uma conexão entre esses "selvagens" e a nossa "civilização". Naquele momento, surgiu um dos mais importantes movimentos espirituais, um dos quais representa muitas pessoas atualmente e que até assumiu uma forma material na Sociedade Teosófica. Esta Sociedade consiste de grupos que procuram abordar o problema do espírito por meio do conhecimento interno. Seus métodos, em oposição ao positivismo, derivam de uma antiga sabedoria, que tem sido formulada com relativa precisão. A teoria teosófica que serve de base a este movimento foi apresentada por Blavatsky na forma de um catecismo no qual o estudante recebe respostas definitivas às suas perguntas sob o ponto de vista teosófico. Teosofia, de acordo com Blavatsky, é sinônimo de verdade eterna. O novo portador da tocha da verdade vai encontrar as mentes dos homens preparadas para a sua mensagem, uma linguagem pronta para vestir as novas verdades que ele traz, uma organização que aguarda a sua chegada, que removerá os obstáculos e dificuldades meramente materiais e mecânicos do seu caminho. E então Blavatsky continua: "A Terra será o céu no século XXI em comparação com o que é agora", e com essas palavras termina o seu livro.

Por mais céticos que sejamos em relação à tendência dos teósofos para a teorização e a excessiva antecipação de respostas definidas em vez de imensos pontos de interrogação, permanece um movimento fundamentalmente espiritual. Esse movimento representa um agente forte na atmosfera geral, pressagiando a libertação aos corações oprimidos e sombrios.

Ao longo desse marco documentário na história da arte moderna, o estudante da Doutrina Secreta ouvirá repetidos ecos de ideias com as quais se familiarizou na obra de Madame Blavatsky: "a forma é a expressão externa do significado interno", o princípio reiterado da "necessidade interior", "a expressão abstrata final de toda arte é número", e a afirmação conclusiva de Kandinsky de que "temos diante de nós uma era de criação consciente, e esse novo espírito na pintura vai de mãos dadas com o pensamento de uma época de grande espiritualidade.[2]

[2] As citações do testamento de Kandinsky, *Concerning the Spiritual in Art* (Sobre o Espiritual na Arte), são tiradas do texto publicado por George Wittenborn, Inc., Nova Iorque, 1947-1970, e é uma versão da primeira tradução inglesa por Michael Sadleir.

O Caminho da Verdade[3]

Phan-Chon-Tôn

Apresento-vos alguns pensamentos que me foram inspirados pela divisa da Sociedade Teosófica: *Satyan Nasti Paro Dharma* [nenhuma religião é superior à verdade"]. A verdade está, por conseguinte, muito solidamente colocada como fundamento dessa obra grandiosa – a que foi empreendida pelos fundadores da Sociedade Teosófica. Nós sabemos, porque no-lo foi dito bastantes vezes, que no último quarto de cada século, a grande hierarquia branca, o governo interno do mundo, faz um novo esforço para preparar a vinda do século seguinte, tentando incutir na mentalidade da humanidade do século que finda a nota diretriz do século vindouro. Isso com o sentido de tentar assegurar uma marcha normal na evolução da humanidade, uma entrada normal nas sucessivas etapas do seu desenvolvimento. A etapa que se abre na nossa frente parece, pois, estar marcada pela verdade. A humanidade conheceu outras épocas onde a tônica esteve posta em um ou outro aspecto da busca espiritual, no conhecimento, no símbolo, na fé... Mas hoje nenhum desses sistemas particulares predomina sobre os outros, todos são estimulados e aprofundados. Hoje, é o próprio centro de toda a esfera espiritual, o próprio objetivo da busca espiritual, que é levado para a frente: a verdade. Verdade inteiramente pura, completamente despida, sem nenhuma roupagem misteriosa, sábia ou fascinante. "Nenhuma Religião é superior à verdade". Esta é a fórmula mágica que abre a porta da nova Era. O desenvolvi-

[3] Extraído da revista portuguesa de teosofia *Osíris* n° 19 – maio-agosto 2010 (*in Le Lotus Bleu*, novembro-dezembro de 1960).

mento de todos os sistemas anteriores, desde a Índia, Egito, China, até ao budismo, ao cristianismo e ao islã, levou a um entrelaçamento inextricável que encerra o indivíduo humano de forma inexorável e podemos dizer que, na maioria dos casos, em lugar de conduzirem o homem para a liberdade, todos esses sistemas religiosos amarram o homem, fazem dele um escravo, um adorador, um fiel. Por essa razão, a nova palavra de ordem deve ser para cada um de nós a destruição dessa cerca, abrir a fenda na muralha e ter acesso à verdade por meio da liberdade.

Em lugar de decretar dogmas ou de constituir um corpo para veicular os segredos superiores, a nova teosofia explica as coisas, revela os segredos reveláveis, e, no todo, pede um estudo inteligente e ponderado. Um canto do véu foi levantado, diz-se, mas agora, em vez de ser levantado para um pequeno número, o é para todos. Também nada de indiscrição. As leis ocultas são rigorosas porque são reais: "Somente aqueles que têm os olhos abertos podem ver." E uma vez os "segredos" revelados, conhecidos pela maioria dos homens, damo-nos conta de que sempre estiveram expostos aos olhos do público, mas que este público permaneceu cego porque procurava a verdade algures, uma verdade que ele julgava estar bem escondida, até mesmo inacessível.

Quando o investigador abre um pouco os olhos, fica admirado por ver o número de coisas, que lhe foram sempre declaradas como extremamente secretas, expostas à luz do dia e, isso, desde há séculos. Mas os seus olhos estiveram sempre velados, ou desviados, e nunca viram a realidade das coisas. Se nos voltarmos para o lado material da pesquisa, damo-nos conta de que aí, igualmente, se iniciou algo de novo. Até ao presente, a ciência seguiu um sistema após outro. Demoliu um a um todos os princípios enunciados segundo as experiências e considerados invioláveis. Por exemplo, o princípio de conservação da matéria "nada se perde, nada se cria", que foi destruído com a descoberta da radioatividade e pela famosa fórmula de Einstein.

Aqui também o sábio, ao fazer uma descoberta, apercebe-se de que o princípio que descobriu sempre estivera operante, sem que os seus olhos, turvados pelas teorias convergentes, o tivessem detectado.

E a ciência, no seu impulso de descoberta, lança em cada dia uma revelação à cabeça da humanidade, que fica atordoada com tudo isso. A humanidade encontra-se bruscamente confrontada com um número incalculável e insuspeito de "descobertas" que ainda não sabe como utilizar. No seu prazer da descoberta e no seu tateamento pueril, a ciência brinca com as energias postas à sua disposição e mal se dá conta dos perigos em que incorre.

Se regressarmos no domínio do invisível, produz-se o mesmo fenômeno. Para fazer tocar o despertador no séc. XIX, Madame Blavatsky, em conjunto com o Coronel Olcott, colocaram a ênfase nos fenômenos sobrenaturais. Despertaram tão bem no homem aquela atração pelo maravilhoso, e, sobretudo, de tal modo tornaram a colocar ao alcance do homem essas possibilidades, essas ciências, essas práticas esquecidas, que o homem da atualidade, ao encontrar-se bruscamente diante de uma revelação cuja amplitude o assombrou, não sabe onde mergulhar. Ainda aqui, a atração pelo prazer, pelo agradável o arrebata; e é essa a razão por que vê aparecer toda aquela floração de mestres, de magos e toda essa plêiade de ciências esquecidas e ignoradas pela ciência oficial.

O que é a verdade? O Dicionário Larousse definiu-a muito bem nessa espécie de prestidigitação. Quando o abrimos na palavra verdade, lemos: "qualidade do que é verdadeiro". E quando nos reportamos à palavra verdadeiro está escrito "conforme a verdade". Existe algo de... verdadeiro, nesse reenvio de um para o outro lado. Sim, a verdade, em verdade, não se define e não se pode definir por palavras. A verdade não se aprende, não se lê, não se diz, não se ensina. Lembremo-nos daquela frase do Senhor Buda: "Aquele que interroga engana-se, aquele que responde engana-se. Não digas nada." É um conselho de valor inestimável, um conselho cuja sabedoria e autenticidade apreciamos, e que não seguimos de modo nenhum. Com efeito, não se desperdiça tanto tempo, tanta energia, tanto dinheiro, para dar conferências atrás de conferências, palestras e mais palestras, discursos, simpósios, debates e, por acréscimo, para publicar todos os livros e todas as revistas. No fundo, todos os que falam e escrevem, sabem bem, com a maior sinceridade, que sabem apenas pouca coisa, e tomam sempre a precaução de dizer que, simplesmente, não é necessário agarrarem-se às suas palavras, que a verdade está muito além de tudo o que possam dizer. Essa é uma verdade muito difícil de ser compreendida pela maioria.

Com efeito, o que quer que se possa dizer, por maior que possa ser quem se expressa, o que diz nunca será a verdade, mas uma expressão pessoal do que ele retirou da luz da verdade. "Tu entrarás na luz, mas nunca tocarás a chama." Somente uma pequena parcela de luz é que pode ser percebida, ao mesmo tempo, e somente uma parcela ainda mais pequena é que poderá ser transmitida pela palavra.

E, no entanto, algumas pessoas, mesmo aquelas que passam ao nosso lado no dia a dia, seres que, por isso, não estão de modo nenhum colocados num pedestal pela opinião pública, podem revelar-nos algo de maravilhoso e, no seu contato, naturalmente, dão a impressão de algo de verdadeiro. É isso que é maravilhoso. Frente a determinadas pessoas, estamos certos de que a verdade existe, que há alguma coisa de verdadeiro, e o que é ainda mais maravilhoso, é que tais pessoas, com a sua presença, não só nos provam que essa verdade é acessível, mas ainda e sobretudo nos aproximam, nem que seja por um momento, da realidade. Tais seres podem escrever livros ou dar conferências, mas não são tanto os seus argumentos que nos provam a verdade, nem o que dizem, é a sua condição de ser, são eles próprios que nos certificam que é verdadeiro. É aí que reside a característica essencial da verdade. A verdade é inseparável da vida; e é somente pela vida, na vida, que a verdade brilha.

O que é que eles fizeram, perguntamos nós, para serem, assim, a própria expressão da verdade? É essa a pergunta fundamental de qualquer investigador da verdade. Que caminho seguiram?

Posso responder imediatamente: o caminho da verdade. Eles são expressões da verdade, muito simplesmente porque são sempre verdadeiros. Isto é uma verdade muito simples, totalmente desnudada; talvez demasiado simples para o nosso mental complicado, talvez demasiado nua para nós que damos muita importância às formas. E, não obstante, o primeiro pensamento que nos vem, quando em presença de um ser verdadeiro, é que é verdadeiro. Nada mais. E um impulso quase irresistível brota do mais profundo do nosso ser, abre-nos, e nós somos efetivamente verdadeiros, sem nenhuma auréola, sem nenhuma tomada de posição, sem nenhum atributo supérfluo. Mas logo que saímos da influência desse ser, reencontramos a nossa complexidade e, com ela, a dificuldade em compreender o que é verdadeiro.

Em nome da nossa personalidade, temos sempre a tendência de nos defendermos, de afirmar os nossos direitos perante os outros, contra os outros, e é essa autodefesa que nos leva a erigirmos um muro de separatividade e a vivermos de aparências que não são a nossa natureza real. Fazemos isso a cada momento da nossa vida. Qual de nós, com efeito, confessa espontaneamente a sua ignorância sobre um ponto ou outro? Mesmo encostado na parede, inventa-se uma resposta evasiva: "esqueci-me" ou "não tenho tempo" ou "já não me lembro". Ou então refugiamo-nos atrás de um sorriso silencioso que, ao dissimular totalmente a nossa ignorância, dá a ilusão do nosso saber. E fazemos isso a cada instante. Agimos, falamos, pensamos, vivemos no fictício, e com estes modos, essas atitudes falsas, que cobrimos com um véu de falso saber, temos a pretensão de procurar a verdade. Não, não é possível ver a verdade se metermos sempre debaixo dos olhos um par de óculos de uma cor ou de outra. A verdade não pode se revelar àqueles que a procuram por meio da falsidade. Ora, é tudo isso que nós fazemos. É um hábito herdado do passado, adquirido quando tínhamos de lutar para evoluir, quando tínhamos de desenvolver a nossa personalidade. Mas, então, desde que nos voltamos para a verdade, é preciso abandonar todos esses hábitos. "Não existe compromisso", lê-se em *Aos Pés do Mestre*.

Essa autodefesa é o resultado do medo. E o medo é a consequência da ignorância, da ignorância das leis que governam o Universo e a sua evolução. Para não ter mais essa atitude de autodefesa é necessário que desapareça o medo. E o medo desaparecerá naturalmente quando a ignorância se dissipar.

Foi com esse objetivo que foi levantada a ponta do véu. Foi com esse objetivo que os fundadores da Sociedade Teosófica voltaram a colocar em livre circulação todas essas leis que constituem a base da sabedoria de todos os tempos. Foi com esse objetivo que tiveram a bondade de nos revelar a construção e o progresso do universo. Mas, como todos os homens, tiveram de utilizar a linguagem humana, além disso tiveram que encontrar uma maneira compreensível de apresentar as coisas aos homens da época em que iniciaram o trabalho. Daqui resulta o caráter rígido e parcial de algumas apresentações da teosofia, daquilo que atualmente muitos teósofos se comprazem em designar "a antiga" apresentação da teosofia. Foi também com esse objetivo que Madame Blavatsky consentiu em produzir certos fenômenos. Se o fez, foi muito menos para produzir fenômenos, foi muito menos para erigir um sistema, foi muito menos para fazer o novo, do que para demonstrar com exemplos e provas que o Universo e, em consequência, o homem são regidos por leis imutáveis e que, quando se obedece a essas leis, a evolução acontece. Se os nossos antecessores falaram, escreveram tanto, não foi tanto para que os membros da Sociedade Teosófica se glorificassem por terem lido esse ou aquele livro, se envaidecessem por saberem muito de teosofia ou se precipitassem nas práticas cerimoniais ou psíquicas, mas para aqueles que, tomando consciência dessas leis, pudessem orientar a sua vida no sentido da evolução, para aqueles, cujos olhos estivessem abertos para esses ensinamentos, experimentassem pô-los em prática nas suas vidas, mais ainda, para que a sua vida fosse a expressão das leis naturais.

É esse o caminho que foi iniciado pela Sociedade Teosófica; aqui está, na minha opinião, a nota da era que se abre: "Viver verdadeiramente o que se aprendeu". Sem necessidade de sistemas, de rituais, de códigos, de religiões. Mas uma vida totalmente impregnada pela expressão das leis naturais; uma vida muito simples e pura; uma vida natural sem medo, sem autodefesa, uma vida espontânea, uma vida livre. É somente com essa liberdade que se pode esperar alcançar a luz da verdade.

Cada Homem é para si mesmo o caminho, a verdade, a vida. (*A Luz no Caminho*).

Diálogo entre duas autoras[1]: Sobre corpos astrais, ou *doppelganger*.[2]

[Em dois meses consecutivos, quais sejam, dezembro de 1888 e janeiro de 1889, foram publicadas nas páginas de *Lúcifer* duas partes de um 'Diálogo entre as duas autoras'. A primeira parte está publicada aqui, já que seu texto não parece ser idêntico a qualquer outro escrito por H. P. B., embora as mesmas ideias tenham sido expressas por ela em outros lugares.

No entanto, a situação em relação à segunda parte é bem diferente. Ela lida com a constituição do homem interior e sua divisão, e seu texto é, em todos os aspectos, idêntico às páginas 117-21 e 156-71 de *A Chave para a Teosofia*, com a exceção de algumas breves frases conectando vários parágrafos. Como é bem conhecido dos estudantes, *A Chave para a Teosofia* foi publicada originalmente em 1889, provavelmente na última parte do ano.

Também deve-se ter em mente que a maior parte do material usado por H. P. B. na segunda divisão

[1] Título original: *Dialogue Between The Two Editors – On Astral Bodies, Or Doppelgangers*. Publicado em Blavatsky Collected Writings – Volume 10, p. 217 e Lucifer, Vol. III, No. 16, December, 1888, pp. 328-333. Tradução: Edilson A. Pedrosa. *Doppelgangers, forma plural de doppelganger.*

[2] *Doppelgänger*, palavra germânica que significa literalmente "duplo-frequentador". É um sósia não biológico, ou duplo, de uma pessoa viva, retratada, às vezes, como um fenômeno fantasmagórico ou paranormal e vista geralmente como um presságio de má sorte. Outras tradições e histórias equiparam um doppelgänger a um gêmeo maligno. (N. T.)

de seu "Diálogo" apareceu originalmente em russo como parte integrante de sua história seriada, *Iz Peshcher i Debrey Indostana* (*Das Cavernas e Selvas do Hindustão*), publicada no Russkiy Vestnik (Mensageiro Russo), a saber, no Vol. CLXXXI, fevereiro de 1886, pp. 802-813. Na época, foi lançado na forma de uma conversa entre Thâkur, um professor, e várias outras pessoas. Ao escrever sua *Chave*, H. P. B., baseou-se aparentemente, em grande parte, naquela história inicial que ela própria compôs ou usou esta segunda parte de seu "Diálogo" que, com grande probabilidade, é a sua própria tradução para o inglês de seu texto original russo no Russkiy Vestnik.

Por alguma estranha razão, outra tradução do mesmo texto russo foi publicado em Lúcifer, Vol. XI, outubro de 1892, isto é, um tempo considerável após o passamento de H. P. B.

Para evitar qualquer duplicação com o texto da *Chave*, publicamos aqui apenas a primeira parte do "Diálogo". – Compilador.]

M.C. – Existe grande confusão nas mentes das pessoas sobre os vários tipos de aparições, assombrações, fantasmas ou espíritos. Não devemos explicar de uma vez por todas o significado desses termos? Você diz que existem vários tipos de "duplos" – o que são eles?[3]

H.P.B. – Nossa filosofia oculta ensina-nos que existem três tipos de "duplos", usando a palavra em seu sentido mais amplo. O homem tem seu "duplo", ou sombra, propriamente assim chamado, em torno do qual o corpo físico do feto – o homem futuro – é construído. A imaginação da mãe ou um acidente que afete a criança afetarão também o corpo astral. Tanto o astral quanto o físico existem antes que a mente seja posta em ação e antes que o *atma* desperte. Isso ocorre quando a criança tem sete anos, e com ela vem a responsabilidade ligada a um ser senciente e consciente. Este "duplo" nasce com o homem, morre com ele e nunca pode se separar do corpo durante a vida e, embora sobrevivendo a ele , desintegra-

[3] O presente diálogo é entre a escritora teosófica Mabel Collins (M.C.) e H. P. Blavatsky (H.P.B.).

-se, *pari passu*, com o cadáver. É isso que, às vezes, é visto sobre as sepulturas, em certas condições atmosféricas, como a figura luminosa do homem que se foi. De seu aspecto físico, ele é, durante a vida, o duplo vital do homem e, depois da morte, somente gases emanados do corpo em decomposição. Mas, no que diz respeito a sua origem e essência, é algo mais. Esse "duplo" é o que concordamos em chamar de *linga*-śarira, mas que eu proporia chamar, para maior conveniência, "*protean*" ou "corpo plástico".

M.C. – Por que *protean* ou plástico?

H.P.B. *Protean*, porque pode assumir todas as formas. Por exemplo, os "magos pastores" a quem os boatos populares acusam, talvez não sem alguma razão, de serem "lobos", e os "médiuns em gabinetes", cujos "corpos plásticos" deles próprios desempenham o papel de avós materializadas e "John Kings". Caso contrário, por que o costume invariável dos "queridos anjos falecidos" saírem apenas um pouco além do alcance de um braço do médium, quer esteja em transe ou não? Mente, eu não nego de modo algum as influências externas nesse tipo de fenômeno. Mas eu afirmo que a interferência exterior é rara, e que a forma materializada é sempre a do corpo "astral", ou *proteano,* do médium.

M.C. – Mas como é este corpo astral criado?

H.P.B. – Não é criado; cresce, como eu disse, com o homem e existe na condição rudimentar mesmo antes do nascimento da criança.

M.C. – E o segundo?

H.P.B. – O segundo é o corpo do "pensamento", ou corpo do sonho, conhecido entre os ocultistas como o *mayavi-rupa*, ou "corpo-ilusão". Durante a vida essa figura é o veículo tanto do pensamento como das paixões e dos desejos animais, atraindo, ao mesmo tempo, *manas* (mente) inferior, terrestre, e *kama*, o elemento do desejo. É dual em sua potencialidade e, após a morte, forma o que é chamado fantasma no *Ocidente*, ou *kama-rupa*, mas que é mais conhecido pelos teosofistas como o "fantasma".

M.C. – E o terceiro?

H.P.B. – O terceiro é o verdadeiro ego, chamado no Oriente, por um nome que significa "corpo causal", mas que nas escolas transhimalaicas é sempre chamado de "corpo cármico", que é o mesmo. Pois carma, ou ação, é a causa que produz renascimentos incessantes, ou "reencarnações". Não é a mônada, nem é *manas* propriamente dito; mas está, de certa forma, ligado indissoluvelmente aos dois, sendo um composto da mônada e manas no devachan.

M.C. – Então há três duplos?

H.P.B. – Se você pode chamar a cristã e outras trindades de "três deuses", então há três duplos. Mas, na verdade, há apenas um em três aspectos ou fases: a parte mais material desaparece com o corpo; o do meio, sobrevive como uma entidade independente, mas temporária, na terra das sombras; o terceiro, imortal, em todo o manvantara, a menos que o *nirvana* ponha um fim nele antes.

M.C. – Mas não nos será perguntado que diferença há entre o *mayavi* e o *kama rupa* ou, como você se propõe a chamá-los, o "corpo de sonho" e o "fantasma"?

H.P.B. – Muito provavelmente, e nós responderemos, além do que foi dito, que o "poder do pensamento" ou aspecto do *mayavi* ou "corpo de ilusão", se funde após a morte inteiramente no corpo causal ou no ego consciente e pensante. Os elementos animais, ou poder de desejo do "corpo de sonhos", ao absorver depois da morte aquilo que acumulou (através de seu desejo insaciável de viver) durante a vida, isto é, toda a vitalidade astral, bem como todas as impressões de seus atos e pensamentos materiais enquanto vivia em posse do corpo, forma o "fantasma", ou *kama rupa*. Nossos teosofistas sabem muito bem que, após a morte, *manas* superior se une à mônada e passa para o *devachan*, enquanto os resíduos do *manas* inferior, ou da mente animal, vão formar este fantasma. Este tem vida, mas dificilmente qualquer consciência, exceto, como se fosse por procuração, quando é arrastado para a corrente de um médium.

M.C. – É tudo o que pode ser dito sobre o assunto?

H.P.B. – Por enquanto, isso é metafísica suficiente, eu acho. Vamos nos apegar ao "duplo" em sua fase terrena. O que você sabe?

M.C. – Todos os países do mundo acreditam mais ou menos no "duplo" ou no *doppelganger*. A forma mais simples disso é o aparecimento do fantasma de um homem, no instante após a sua morte ou no momento da morte, ao seu amigo mais querido. Essa aparição é a *mayavi rupa*?

H.P.B. – É; porque produzido pelo pensamento do moribundo.

M.C. – É inconsciente?

H.P.B. – É inconsciente na medida em que o moribundo geralmente não faz isso conscientemente; ele não está ciente de que ele aparece assim. O que acontece é isso. Se ele pensa muito intensamente, no momento da morte, naquela pessoa que ele está muito ansioso para ver ou, melhor, que ama muito, ele pode aparecer para esta pessoa. O pensamento torna-se objetivo. O duplo, ou a sombra de um homem, sendo nada mais que a fiel reprodução dele, como o reflexo num espelho, aquilo que o homem faz, mesmo em pensamento, aquele duplo repete. É por isso que os fantasmas são frequentemente vistos em tais casos com as roupas que vestem no momento específico, e a imagem reproduz até mesmo a expressão no rosto do moribundo. Se o duplo de um homem tomando banho fosse visto, ele pareceria estar imerso na água; então, quando um homem que foi afogado aparece para seu amigo, a imagem será vista como se estivesse pingando água. A causa da aparição também pode ser revertida; isto é, o moribundo pode ou não estar pensando de maneira alguma na pessoa particular à qual sua imagem aparece, mas é esta pessoa que é sensitiva. Ou talvez sua simpatia ou seu ódio pelo indivíduo cuja aparição é assim evocada seja muito forte física ou psiquicamente; e, neste caso, a aparição é criada pela e depende da intensidade do pensamento. O que acontece então é isso. Vamos chamar de A o moribundo, e aquele que vê o duplo, de B. O último, devido ao amor, ódio ou medo, tem a imagem de A tão profundamente impressionada em sua memória psíquica, que repulsão e atração magnética efetivas são estabelecidas entre os dois, quer alguém sinta ou saiba disso e ou não. Quando A morre, o sexto sentido ou inteligência espiritual psíquica do homem interior de B torna-se consciente da mudança em A e informa imediatamente os sentidos físicos do homem, projetando diante de seus olhos a forma de A, como ele está no instante da grande mudança. O mesmo quando o moribundo anseia por ver alguém; seu pensamento telegrafa ao seu amigo, consciente ou inconscientemente ao longo do fio da simpatia, e torna-se objetivo. Isso é o que a Sociedade de Pesquisa de "Chamadas Assustadoras" [*"Spookical" Research Society*, no original – NT] iria pomposamente, mas não menos turvamente, chamar de impacto telepático.

M.C. – Isso se aplica à forma mais simples de aparecimento do duplo. E quanto aos casos em que o duplo faz o que é contrário ao sentimento e desejo do homem?

H.P.B. – Isto é impossível. O "duplo" não pode agir, a não ser que a nota-chave dessa ação estivesse impressa no cérebro do homem a quem pertence o "duplo", esteja aquele homem morto ou vivo, em boa ou má saúde. Se ele fez uma pausa no pensamento por um segundo, tempo suficiente para lhe dar forma, antes de passar para outras imagens mentais, este único segundo é tão suficiente para realizar as objetivações de sua personalidade nas ondas astrais quanto para que o seu rosto possa impressionar a placa sensibilizada de uma máquina fotográfica. Nada impede que a sua forma então, sendo capturada pelas forças circunvizinhas (tal como uma folha seca caída de uma árvore é levantada e carregada pelo vento), seja feita para caricaturar ou distorcer o seu pensamento.

M.C. – Supondo-se que o duplo expresse em palavras atuais um pensamento desagradável para o homem e o expresse, digamos, para um amigo distante, talvez em outro continente? Eu conheço casos disso ter ocorrido.

H.P.B. – Isso acontece porque, então, a imagem criada é ocupada e usada por um "cascão". Assim como em salas de sessão, quando "imagens" dos mortos – que possam estar talvez persistindo inconscientemente na memória ou até nas auras dos presentes – são capturadas por elementais ou sombras elementares e levadas a se tornar objetivas perante o público, e até mesmo levadas a atuar a pedido da vontade mais forte dentre as diferentes vontades presentes na sala. No seu caso, além disso, deve existir um elemento de conexão – um fio telegráfico – entre as duas pessoas, um ponto de simpatia psíquica, e nele o pensamento viaja instantaneamente. É claro que deve haver, em cada caso, alguma forte razão para que esse pensamento particular tome essa direção; ele deve estar conectado de alguma forma com a outra pessoa. Caso contrário, tais aparições seriam ocorrências banais e cotidianas.

M.C. – Isso parece muito simples; por que, então, só ocorre com pessoas excepcionais?

H.P.B. – Porque o poder plástico da imaginação é muito mais forte em algumas pessoas do que em outras. A mente é dual em sua potencialidade: é física e metafísica. A parte superior da mente está conectada com a alma espiritual, ou *buddhi*; a inferior, com a alma animal, o princípio *kama*. Há pessoas que nunca pensam com as faculdades superiores de sua mente; aqueles que fazem isso são a minoria e estão, portanto, de certa forma, além, senão acima, da média da espécie humana. Estas pensarão até mesmo em assuntos comuns ao plano superior. A idiossincrasia da pessoa determina em qual "princípio" da mente o pensamento é elaborado, prevalecem também as faculdades de uma vida anterior e, às vezes, a hereditariedade física. É por isso que é tão difícil para um materialista – cuja porção metafísica do cérebro é quase atrofiada – elevar-se ou, para quem tem a mente naturalmente espiritual, descer ao nível do pensamento vulgar. O otimismo e o pessimismo dependem disso também em grande medida.

M.C. – Mas o hábito de pensar na mente superior pode ser desenvolvido – caso contrário, não haveria esperança para pessoas que desejem alterar suas vidas e se elevar? Que isso é possível deve ser verdade ou não haveria esperança para o mundo.

H.P.B. – Certamente pode ser desenvolvido, mas apenas com grande dificuldade, firme determinação e muito sacrifício pessoal. Mas é comparativamente fácil para aqueles que nascem com a dádiva. Por que é que uma pessoa vê poesia em um repolho ou num porco com seus filhinhos, enquanto outra perceberá nas coisas mais elevadas apenas o seu aspecto inferior e mais material, rirá da "música das esferas" e ridicularizará as mais sublimes concepções e filosofias? Essa diferença depende simplesmente do poder inato da mente de pensar no plano superior ou inferior, com o astral (no sentido dado à palavra por Saint-Martin) ou com o cérebro físico. Grandes poderes intelectuais frequentemente não são provas, mas óbices às concepções espirituais e corretas; testemunham a maioria dos grandes homens da ciência. Ao invés de culpá-los, devemos antes ter pena deles.

M.C. – Mas, como é que a pessoa que pensa no plano superior produz imagens mais perfeitas e potenciais e formas objetivas pelo seu pensamento?

H.P.B. – Não necessariamente só essa "pessoa", mas todos aqueles que geralmente são sensitivos. A pessoa que é dotada dessa faculdade de pensar até nas coisas mais insignificantes do plano superior do pensamento tem, em virtude do dom que possui, uma força plástica de formação, por assim dizer, em sua própria imaginação. Seja o que for que essa pessoa venha a pensar, seu pensamento será tão mais intenso do que o pensamento de uma pessoa comum que, por essa mesma intensidade, obtém o poder da criação. A ciência estabeleceu o fato de que o pensamento é uma energia. Essa energia em sua ação perturba os átomos da atmosfera astral ao nosso redor. Eu já te disse; os raios de pensamento têm a mesma potencialidade para produzir formas na atmosfera astral quanto os raios solares têm em relação a uma lente. Todo pensamento assim evoluído com a energia do cérebro cria, *nolens volens* [querendo ou não – NT], uma forma.

M.C. – Essa forma é absolutamente inconsciente?

H.P.B. – Perfeitamente inconsciente, a menos que seja a criação de um adepto, que tem um objeto preconcebido que quer lhe dar consciência, ou melhor, enviar juntamente com ele vontade e inteligência suficientes para fazê-lo parecer consciente. Isso deve nos tornar mais cautelosos acerca de nossos pensamentos.

Mas a ampla distinção que se obtém entre o adepto nessa

questão e o homem comum deve ser levada em conta. O adepto pode, a seu critério, usar seu *mayavi-rupa*, mas o homem comum não o faz, exceto em casos muito raros. Chama-se *mayavi-rupa* porque é uma forma de ilusão criada para uso em instância particular, e tem o suficiente da mente do adepto para realizar seu propósito. O homem comum apenas cria uma imagem-pensamento, cujas propriedades e poderes são totalmente desconhecidos por ele.

M.C. – Então alguém pode dizer que a forma de um adepto aparecendo à distância de seu corpo, como por exemplo Ram Lal em Mr. Isaacs, é simplesmente uma imagem?

H.P.B. – Exatamente. É um pensamento andando.

M.C. – Nesse caso, um adepto pode aparecer em vários lugares quase simultaneamente.

H.P.B. – Ele pode. Exatamente como Apolônio de Tiana, que foi visto em dois lugares ao mesmo tempo, enquanto seu corpo estava em Roma. Mas deve-se compreender que nem todos os adeptos astrais estão presentes em cada aparição.

M.C. – Então é muito necessário que uma pessoa que tenha qualquer porção de imaginação e poderes psíquicos fique atenta a seus pensamentos?

H.P.B. – Certamente, cada pensamento tem uma forma que empresta a aparência do homem envolvido na ação das quais ele pensou. Caso contrário, como os clarividentes podem ver em sua aura o seu passado e o presente? O que eles veem é um panorama passageiro de si mesmo representado em ações sucessivas por seus pensamentos. Você me perguntou se somos punidos por nossos pensamentos. Não por todos, pois alguns são natimortos; mas para os outros, aqueles que chamamos de "silenciosos", mas potenciais, sim. Tome um caso extremo, como o de uma pessoa que é tão má a ponto de desejar a morte de outra. A menos que o desejador malvado seja um *dugpa*, um grande adepto da magia negra, caso em que o carma é adiado, tal desejo só se volta contra ele.

M.C. – Mas supondo que o desejador malvado tenha uma vontade muito forte, sem ser um dugpa, poderia a morte do outro acontecer?

H.P.B. – Somente se a pessoa mal-intencionada tiver o mau-olhado, o que significa simplesmente possuir enorme poder de pensamento plástico e que trabalha involuntariamente para usos ruins sem se dar conta disso. Pois qual é o poder do "mau-olhado"? Simplesmente um grande poder plástico de pensamento, tão grande que produz uma corrente impregnada com a potencialidade de todo tipo de infortúnio e acidente, que inocula, ou liga-se a, qualquer pessoa que nasce com ele. Um *jettatore* (alguém com mau-olhado) não precisa ser nem imaginativo ou ter intenções ou desejos malignos. Ele pode ser simplesmente uma pessoa que naturalmente gosta de testemunhar ou ler sobre cenas sensacionalistas, como assassinatos, execuções, acidentes etc. Ele pode não estar nem pensando em nada disso no momento em que seu olho encontra sua futura vítima. Mas as correntes foram produzidas e existem em seu raio visual prontas para entrar em atividade no instante em que encontrarem um solo adequado, como uma semente caída pelo caminho e pronta para brotar na primeira oportunidade.

M.C. – Mas, e os pensamentos que você chama de "silenciosos"? Tais desejos ou pensamentos voltam para casa para se potencializar?

H.P.B. – Eles fazem. Exatamente como uma bala que não consegue penetrar no alvo e se volta contra o lançador. Isso acontece até mesmo com alguns *dugpas* ou feiticeiros que não são fortes o suficiente, ou não cumprem as regras (pois mesmo eles têm regras que devem obedecer), mas não com aqueles que são "magos negros" regulares e totalmente desenvolvidos; pois estes têm o poder de realizar o que desejam.

M.C. – Quando você fala de regras, isso faz-me querer acabar com essa conversa perguntando a você o que todo mundo quer saber, os que se interessam pelo ocultismo. Qual é a principal ou importante sugestão para aqueles que têm esses poderes e desejam controlá-los corretamente – na verdade, para entrar no ocultismo?

H.P.B. – O primeiro e mais importante passo no ocultismo

é aprender como adaptar seus pensamentos e ideias à sua potência plástica.

M.C. – Por que isso é tão importante?

H.P.B. – Porque senão você está criando coisas pelas quais você pode estar gerando mau carma. Ninguém deve ingressar no ocultismo ou mesmo tocá-lo antes que esteja perfeitamente familiarizado com seus próprios poderes e que saiba como compatibilizá-los com as suas ações. E isso só pode ser feito estudando-se profundamente a filosofia do ocultismo antes de se entrar no treinamento prático. Caso contrário, tão certo quanto o destino – a pessoa vai cair na magia negra.

[Continua][4]

[4] Lamentavelmente o diálogo não teve continuação (N.E.).

A origem dos Evangelhos e o bispo de Bombaim[1]

Helena P. Blavatsky
Tradução: Edilson A. Pedrosa

A ignorância que prevalece comumente entre os cristãos ingleses concernente à história de seus próprios livros religiosos e, teme-se, de seu conteúdo, tem sido ilustrada divertidamente por algumas cartas trocadas recentemente em The Pioneer entre os apoiadores e os críticos do Bispo de Bombaim: os polêmicos quebrando suas lanças a respeito da pastoral sobre a questão do divórcio e do novo casamento. Muita tinta foi gasta durante a correspondência, e muito mais ainda a santa ignorância mostrada por ambos os lados. "Um dos leigos", que apoia, e "Tübingen", que critica, confinam as polêmicas prolongadas. Uma carta do primeiro, escrita num estilo que bem poderia significar sarcasmo velado não apropriado para um religioso (veja *The Pioneer* de 19 de agosto) é a seguinte:

"Senhor, eu li artigos e cartas a respeito do bispo da pastoral de Bombaim neste e em muitos outros jornais. Mas, parece-me que todos erraram o alvo, adotando uma opinião humana despojada. A questão é muito simples: Nosso Abençoado Senhor enquanto na Terra, sendo o Deus Todo-Poderoso, como também um homem e, por consequência, conhecendo perfeitamente toda controvérsia que se estabeleceria no futuro sobre as suas palavras (estas dentre outras) disse as

[1] *The Origin of The Gospels and the Bishop of Bombay*, em Collected Writings – Volume IV, p. 233. Originalmente em *The Theosophist*, Vol. IV, N° 1, October, 1882, pp. 6-9.

palavras clara e distintamente. Isto é inegável, eu suponho, – pelo menos pelos cristãos. Dele servo, o Bispo de Bombaim (suponho que ninguém vai negar que o Bispo de Bombaim é, num sentido muito especial, mais servo do Senhor do que servo do Estado) repetiu estas palavras clara e distintamente. E estas mesmas palavras serão repetidas clara e distintamente e com terrível ênfase, para alguns, no Dia do Juízo. Isso é tudo, o suficiente, talvez até demais. Respeito humano, opinião pública, direito civil – todas essas coisas passarão, mas as palavras do Deus Todo-Poderoso nunca passarão. Estou pessoalmente satisfeito em saber que a Igreja, tendo sido dotada pelo Nosso Senhor Abençoado de autoridade absoluta e infalível em todas as questões de fé e moral, impôs certa disciplina em relação ao casamento; mas eu sei que os protestantes se recusam a admitir isso. Talvez uma pequena reflexão sobre o assunto do Dia do Julgamento possa levá-los a ver que o Bispo de Bombaim está certo no que ele apresentou. No Dia do Juízo, se uma pessoa pode calmamente decidir apresentar a opinião pública, o respeito humano, a lei civil como desculpas pelo que fez ou o que não fez na Terra, por todos os meios, deixe-o – e respeite o resultado. Aqui na Terra, tanto os indivíduos bons como os maus cometem erros. Lá, não haverá nenhum – exceto aqueles já cometidos na Terra; e, como diz Faber, será um tempo extremamente estranho para descobri-los. Eu não pretendo discutir com pessoas que não acreditam em revelação, sendo apenas, como meu cartão mostrará a você. Assinado: Um dos leigos."

Isso está muito claro; e ainda assim dificilmente se pode ir adiante sem comentários. Pois, por exemplo, se "Nosso Senhor Abençoado", que era "Deus Todo Poderoso", sabia de antemão toda controvérsia que se estabeleceria no futuro" (A correspondência do *The Pioneer* dentre outras), então não se pode estar muito longe da verdade ao supor que ele também sabia das observações e críticas reservadas para "Um dos leigos" em *The Theosophist*? Isso é muito encorajador e realmente dissipa a última hesitação e as dúvidas sentidas sobre a propriedade de fazer observações, por mais respeitosas que sejam, sobre o último pronunciamento do Bispo de

Bombaim. Nossa lógica é muito simples. Desde então, o que estamos prestes a dizer nunca poderia ter escapado à atenção do Nosso Senhor dezoito séculos atrás e, como não recebemos até o momento nenhuma contraindicação (para nós, o silêncio significa consentimento – como ademais para todos os mortais), sentimo-nos serenamente confiantes de que esta coluna ou duas foram assim pré-ordenadas desde o começo, não podendo, portanto, ofender ninguém. Mas, antes de oferecer quaisquer observações pessoais, nossos leitores devem ver o que Tübingen tinha a dizer em resposta a "Um dos leigos". A carta acima transcrita suscitou a seguinte resposta em *The Pioneer* de 25 de agosto:

> Senhor, o seu correspondente leigo, que sabe tanto sobre as declarações do nosso Senhor sobre a matéria do divórcio, parece esquecer alguns poucos pontos que dizem respeito ao assunto, especialmente que as "certas palavras" que ele e o Bispo de Bombaim confiam, certamente não foram faladas por nosso Senhor, que não se expressava em inglês, mas que são apenas uma tradução de uma tradução grega de Alexandria de alguns documentos, cuja origem, eu assim considero, está mencionada na mais ortodoxa Enciclopédia de Chambers: "A consulta foi tratada de maneira extremamente técnica por muitos críticos. O objetivo dessas teorias tem sido o de encontrar uma origem comum para os evangelhos. Eichhorn e o Bispo Marsh presumem um documento original, diferente de quaisquer dos evangelhos existentes, o qual passou supostamente por várias modificações. Outra e mais provável suposição é que os evangelhos surgiram de uma tradição oral comum. Esta teoria... é claro que é separada amplamente da bem conhecida teoria de Tübingen, que leva o período da tradição até meados do século II e supõe que os evangelhos deram lugar, então, à influência de instrutores opostos." Seguindo o pensamento de Tübingen, em outra parte da Enciclopédia, li que o lugar é celebrado "como uma escola de teologia histórico-filosófica... cuja influência sobre o pensamento religioso tem

> sido muito grande e provavelmente se tornará permanente." Assim, eu tenho medo, de que seu 'leigo', embora um homem muito bom, sem dúvida, ele não está tão precisamente informado sobre a linguagem de nosso Senhor como ele imagina; e que, considerando a infeliz incerteza que acompanha nossos registros fragmentários desta linguagem, o Bispo de Bombaim não é tão sábio para regulamentar as suas visões do divórcio de acordo com o exato teste de inglês da Bíblia, tampouco o Parlamento tem normatizado segundo o senso comum daquilo que nos leva a imaginar que provavelmente tenha sido a visão de nosso Senhor. Assinado: Tübingen.

A resposta é ótima, mas não vai muito longe; justamente porque a questão de que "nosso Senhor não se expressou em inglês" não cobre o todo o terreno. Ele poderia ter se expressado em qualquer idioma oriental de que gostava, seja morto ou vivo, por suposto; e, ainda assim, na medida em que era o Deus Todo-Poderoso e que conhecia a tremenda arma que estava fornecendo aos infiéis atuais – ele poderia ter evitado a "Um dos leigos" e ao Bispo, "seu próprio servo", a humilhação de ser ensinado sobre as suas próprias escrituras no infiel *The Theosophist*. De fato, enquanto o primeiro, evidentemente nunca leu a sua Bíblia ou dela se esqueceu; o último, no entanto, que não pode ser considerado ignorante de seu conteúdo, fez muito arbitrariamente uma seleção do que lhe era mais conveniente, uma vez que existem, na Bíblia, para se escolher livremente, vários mandamentos referentes à questão de um novo casamento. Por que o seu mestre não se referiu a eles também? E por que aos leigos cristãos é proibido o privilégio de fazer a sua própria escolha, uma vez que a Bíblia lhes dá a oportunidade de experimentar todos os sabores, ao tempo em que aderem estritamente, em um caso ou outro, aos mandamentos do Deus Todo-Poderoso? Se "Um dos leigos" estiver pessoalmente satisfeito em saber "que a Igreja foi dotada por nosso Abençoado Senhor de autoridade absoluta e infalível em todas as questões de fé e moral", tem o direito de "apresentar certa disciplina em relação ao casamento", então ele deve saber algo mais que ninguém sabe. Pois, se "os protestantes se recusam a admitir isso", não é por excesso de modéstia, mas simplesmente porque tal afirmação da parte deles seria, de fato, deveras absurda perante a Bíblia. Jesus Cristo, embora em certo sentido um protestante, nada sabia do protestantismo; e concedeu a Pedro tal autoridade – se é que alguma vez dotou alguém de alguma coisa – deixando Paulo a descoberto. O protestantismo, tendo se insurgido uma vez contra os ditames da Igreja Católica Romana, não tem o direito de assumir, dentre as muitas prerrogativas alegadas pela Igreja de Pedro, aquilo que lhe convém e rejeitar aquilo que considera inconveniente seguir ou impor. Além disso, uma vez que o protestantismo escolheu dar igual autoridade e infalibilidade tanto ao Antigo quanto ao Novo Testamento, seus bispos não deveriam, ao decidir sobre questões sociais ou religiosas, dar preferência apenas ao último e ignorar inteiramente o que o primeiro tem a dizer. O fato de que a igreja protestante, agindo sob o princípio da "lei do mais forte", mantém, e sempre manteve, o hábito de recorrer a ele para cortar todo nó górdio – não é prova de que ela está agindo sob a autoridade divina. A alegação feita, então, por "Um dos leigos", como Tübingen analisará, não se apoia tanto na perfeição da tradução feita das palavras de Cristo ou se foi feita por um grego ou um hebreu quanto na autocontradição dessas mesmas palavras na Bíblia – supondo, é claro, que Cristo e o Deus Todo-Poderoso sejam um e idênticos. Caso contrário, e se Jesus de Nazaré foi simplesmente um homem, então ele não pode ser acusado de contradição flagrante nem de incitar seus profetas a quebrar o sétimo mandamento, como foi feito por Deus no caso de Oséias. E é também, supomos, "inegável, pelo menos para os cristãos", que o que era bom para um profeta do Senhor Deus não pode ser ruim para um cristão, mesmo que ele seja um civil anglo-indiano. Na verdade, como diz "Um dos leigos", "a questão é muito simples". É uma questão de unitarismo e uma matéria de escolha. "Escolhe hoje", poderia dizer um Josué moderno, "a quem você servirá": se o Deus que os judeus serviram – o Jeová volúvel, irado, vingativo do Velho Testamento, o qual contradiz o Novo Testamento em cada página, ou aquele a quem você chama de "Cristo"

– um dos modelos mais nobres e puros da humanidade. Pois não pode haver engano a respeito disso: se Cristo é um com o Senhor Deus de Israel – toda essa pureza ideal desaparece como um sonho, deixando em seu lugar apenas perplexidade, dúvida e desgosto – geralmente seguida de ateísmo vazio.

Para esclarecer o assunto, se o senhor Bispo, com "Um dos leigos", insiste em que Cristo, sendo o Deus Todo-Poderoso, disse certas palavras clara e distintamente, e ele "o servo de Nosso Senhor... Repetiu estas palavras" tais como estão em Mateus 5:32, a saber, "todo aquele que repudiar sua mulher, a não ser por causa ..., faz que ela cometa adultério, e qualquer que casar com a repudiada comete adultério"; – então, os chamados infiéis e as partes envolvidas têm o direito de insistir respeitosamente no sentido de que o senhor bispo lhes mostre por que razão ele, o servo de Deus, não deve repetir certas outras palavras pronunciadas de maneira mais clara e distinta no livro de Oséias (1:2 e 3:1-5)? Por certas boas razões – uma dentre outras é que *The Theosophist*, mesmo não sendo um livro sagrado nem privilegiado, não iria consentir em publicar obscenidades: os versículos mencionados em Oséias não podem ser apresentados nessa revista. Mas cada um têm a liberdade de recorrer à primeira Bíblia que estiver à mão e encontrar as passagens acima, lê-las e julgar por si próprio. E então descobrirá que o Deus Todo-Poderoso ordena a Oséias não apenas que tome para si uma "esposa divorciada", mas algo pior e impronunciável. E, se nos é dito por alguns expositores da Bíblia, como acontece frequentemente, que as palavras não devem ser tomadas literalmente, já que são alegóricas, então o ônus da prova permanece com o bispo, no sentido de mostrar por que, em tal caso, as palavras em Mateus não devem ser também consideradas como uma parábola; e por que essa ordem solitária deve ser aplicada literalmente, enquanto quase todas as outras que a precedem ou a seguem não devem ser consideradas, explicadas e aceitas simplesmente como uma parábola.

Se fosse coerente consigo mesmo, o bispo deveria insistir que, como consequência da tentação, todo cristão deveria "arrancar" o seu olho direito, "cortar" a sua mão direita – (e quem pode pretender que nem seu olho nem sua mão jamais o tentaram ou o "ofenderam"?) – deveria recusar-se, além disso, a prestar juramento no tribunal de justiça, deveria dar a outra face a todos os valentões que lhe ferissem o rosto e presentear sua capa ao primeiro ladrão que decidisse lhe roubar o casaco. Cada uma dessas ordens foi "explicada" para a satisfação das partes envolvidas – dentre outras aquela ordem para que nunca jurem, ou seja, que não se faça o juramento prescrito "nem pelo céu nem pela terra", mas que a sua afirmação seja "sim, sim; não, não." E se Sua Senhoria não tem ninguém que negue ser ele "servo de Nosso Senhor num sentido mais especial do que é o servo do Estado", cuja lei, desconsiderando a injunção de Cristo, ordena a cada um de seus súditos que jure pela Bíblia, então talvez o Bispo reforçasse a sua reivindicação e silenciasse até mesmo os infiéis se, em vez de perder seu tempo com esposas divorciadas, usasse sua eloquência para apoiar, de todas as formas, o Sr. Bradlaugh em sua recusa de fazer o seu juramento perante o Parlamento. Pelo menos nesse ponto o clero cristão estaria em harmonia com o célebre infiel.

Um pouco de reflexão sobre o tema do "Dia do Julgamento" pode ser, sem dúvida, um bom caminho para explicar o inexplicável; por isso tudo, ele tem que ser temido, mas nunca será responsável por todas as inconsistências enumeradas acima. No entanto, nada de desespero. Há uma bela história, contada por James T. Bixby, a respeito do atual primeiro-ministro inglês, na qual a objeção feita a um divertido plano de casamento do general Garibaldi com uma rica dama inglesa, decorrente do fato de que o herói de Capera já tinha uma esposa – é contornada triunfantemente pela sugestão de que o Sr. Gladstone poderia rapidamente explicá-la. Por acaso, Sua Senhoria de Bombaim, tendo ouvido falar da história, estava de olho no "grande ancião" para ajudá-lo. De toda forma, ele parece ser um hábil reconciliador do irreconciliável, e manifesta, para usar uma expressão do mesmo autor, "um poder teológico dissipador de igual força" ao dos reconciliadores de ciência e escritura.

Tübingen estaria muito mais habilitado a rebater os argumentos de seu oponente se tivesse se inspirado na "mais ortodoxa Enciclopédia de Chamber", ao invés de preferir consultar o que os próprios Pais da Igreja tinham a dizer sobre o Evangelho de Mateus, no qual se baseiam certas palavras apresentadas por "Um dos leigos" e pelo Bispo de Bombaim. Ele teria aprendido, por exemplo, que, dos quatro, o Evangelho de Mateus é o único original, como o único que foi escrito em hebraico, ou melhor, em uma de suas formas corrompidas, o siríaco-galileu; não sendo relevante agora discutir por quem ou quando foi escrito. Epifânio conta-nos que foram os hereges nazarenos ou os sabinos "que vivem na cidade dos bereanos em direção a Celessíria e Decápolis e partes de Pela, e na Basanti"[2] [ou Bashanti, no estado indiano de Bengala Ocidental – NT], os quais consideram o Evangelho de Mateus mais plenamente, e que foi escrito originalmente em letras hebraicas; e que foi São Jerônimo que o traduziu para o grego: "*In Evangelio, quo utuntur Nazaraeni Ebionitae, quod nuper in Graecum de Hebraeo transtulimus, et quod vocatur a plerisque Matthaei authenticum, homo iste, qui aridam habet manum, caementarius scribitur.*[3]" Mateus, o desprezado publicano, deve ser lembrado, é o único autor identificado e autenticado de seu evangelho; os outros três devem ter que permanecer provavelmente para sempre como de autoria não identificada. Ebionitas e nazarenos são quase idênticos. Habitando um deserto entre a Síria e Egito além do Jordão chamado *Nabathaea*, eles eram chamados indiferentemente de sabianos, nazarenos ou ebionitas. Olshausen acha notável que, embora todos os Pais da Igreja concordem em dizer que Mateus escreveu em hebraico, eles usem o texto grego

[2] Epiphanius, *Panarion*, Bk. I, tome II, Haer. XXIX, § vii; p. 123 in *Petavius*' ed. of Epiphanius, Paris, 1622.

[3] Isso está contido numa nota de rodapé de Petavius, na página 124 de sua ed. do Panarion de Epiphanius, sendo acrescentado ao Livro I, Tomo II, Haer. XXIX, § VIII; mas é creditado aos comentários de São Jerônimo em Evangelium secundum Matthaeum, Livro II, cap. XII, 13. Cf. J. P. Migne, Patrologiae Cursus Completus, Série Latina, Tomus XXVI, Col. 80-81. Paris, Garnier frères, 1884. A tradução para o inglês dessa passagem é a seguinte: "... *In the Evangel which was used by the Nazarenes and the Ebionites (which we recently translated from a Hebrew sermon into Greek, and which by many has been declared to be the authentic Matthew), the same man who had the withered hand was a stone-mason...*" ["... No evangelho que foi usado pelo nazarenos e ebionitas (que traduzimos recentemente de um sermão em hebraico para o grego, e que tem sido considerado por muitos como o autêntico Mateus), o mesmo homem que tinha a mão ressequida era um pedreiro maçom ..."] – Compilador.

como o genuíno escrito apostólico, sem mencionar que relação há entre o Mateus hebraico e o grego. "*Ele tinha muitos acréscimos peculiares que estão faltando em nosso evangelho grego*", observa ele;[4] e muitas omissões, podemos acrescentar. O fato deixa imediatamente de ser notável quando nos lembramos daquela confissão feita por Hieronymus (ou São Jerônimo) em sua carta aos bispos Chromatius e Heliodoro e em várias outras passagens em seu trabalho:

> Mateus, que era chamado Levi e que apesar de ser um publicano se tornou apóstolo, foi o primeiro na Judéia que escreveu um evangelho de Cristo, em língua e letras hebraicas, em benefício dos que eram circuncidados e haviam crido. Não está suficientemente esclarecido quanto a quem o traduziu depois para o grego. O original hebraico poderia ser encontrado até hoje na biblioteca formada diligentemente em Cesareia pelo mártir Pânfilo. Foi possível, até para mim, ter acesso a esse volume que os nazarenos vêm usando em Beréia [Veria], uma cidade na Síria.[5]

O Evangelho Segundo os Hebreus, que foi escrito, de fato, na língua caldaica e siríaca (*lingua Chaldaica quam vocat hic Syriacam*), mas com letras hebraicas, que os nazarenos usam hoje de acordo com os apóstolos, ou segundo Mateus como a maioria supõe, que também se encontra na biblioteca de Cesareia, narra a história: "A mãe do Senhor e seus irmãos disseram-lhe: João Batista batiza para remissão de pecados; deixe-nos ir e ser batizado por ele. Mas ele (*Iasous*) disse-lhes: que pecado cometi para ir e ser batizado por ele?"

O Evangelho de Mateus que temos conta uma história bem diferente; e ainda Jerônimo, falando do evangelho que os nazarenos e os ebionitas usam, menciona-o como o "que recentemente traduzimos de um sermão hebraico para o grego e que, por muitos, tem foi declarado o autêntico Mateus"(-*Comm. to Matthew*, II, XII, 13). Mas toda a verdade sobre ele

[4] Hermann Olshausen, *Nachweis der Echtheit der sämtlichen Schriften des Neuen Testaments*, p. 35. [Ao consultar este parágrafo do trabalho de Olshausen, a última frase, a única citada por H.P.B., não pôde ser localizada. – Compilador.]
[5] St. Jerome, *De viris illustribus liber*, cap. 3. [Cf. J. P. Migne, Patr. C. Compl., T. XXIII, Col. 613, Paris, 1883.]

surge imediatamente, quem lê a carta de Jerônimo e lembra que esse famoso cristão dalmatense tinha sido, antes de sua conversão completa, um não menos famoso advogado, bem familiarizado com a casuística eclesiástica e legal e que, portanto, pode ter transformado o genuíno evangelho hebraico em algo bem diferente do que era originalmente. E tal é, de fato, sua própria confissão. Ouça-o dizendo:

> Uma tarefa árdua me foi imposta por Vossas-Felicidades [bispos Cromácio e Heliodoro], qual seja, a de que São Mateus, apóstolo e evangelista, não queria ser transcrito abertamente. Pois, se ele não fosse um pouco secreto, teria acrescentado isso ao evangelho que ele deu como seu; mas ele escreveu esse livro selado em caracteres hebraicos; e não o ofereceu à publicação até agora, de forma que este livro, redigido em escrita hebraica e por sua própria mão, é possuído hoje pelos homens mais religiosos, que o receberam em contínua sucessão daqueles que os precederam. Embora eles [os mais religiosos, os iniciados] nunca tenham dado este livro a ninguém para ser transcrito, eles transmitiram seu texto de uma forma ou de outra (*aliter aliterque*). E assim aconteceu que este livro [o evangelho original de Mateus], publicado por um discípulo de Maniqueu, chamado Seleuco, que também escreveu falsamente os Atos dos Apóstolos, continha matéria não para edificação, mas para destruição; e assim sendo, foi aprovado num sínodo que os ouvidos da Igreja se recusavam a ouvir...[6]

E, para atender os ouvidos da Igreja que "recusou-se adequadamente a ouvir" o evangelho original, São Jerônimo francamente nos diz:

> Eu estou falando agora do Novo Testamento. Ele foi, sem dúvida, composto em grego, com o exce-

[6] [Essa passagem pode ser encontrada na edição de Johannes Martianay da obra de São Jerônimo, publicada em cinco volumes em Paris, por Ludovicus Roulland, 1693-1706. A data do Vol. V é 1706, e na coluna 445 ocorre a passagem em discussão, em seu latim original. O estudante deve se dirigir à longa Nota do Compilador n° 60, pp. 233-36, no Vol. VIII dos Collected Writings, onde há uma discussão sobre esse assunto e a respeito da autenticidade da própria carta. – Compilador.]

ção do trabalho de Mateus, o apóstolo, que foi o primeiro a se comprometer a escrever o Evangelho do Ungido, e que publicou seu trabalho na Judéia em caracteres hebraicos. Devemos confessar que, como o temos em nossa língua, ele está caracterizado por discrepâncias, e agora que a corrente se dividiu em diferentes canais (*et diversos rivulorum tramites ducit),* devemos voltar à fonte. Passo por cima de manuscritos associados aos nomes de Lucian e Hesíquo, e cuja autoridade é perversamente mantida por um punhado de pessoas polêmicas...[7]

Em outras palavras, o venerável compilador da versão latina das escrituras – a base da Vulgata atual – denominada por Alban Butler "seus famosos trabalhos críticos sobre as Sagradas Escrituras", distorceu o Evangelho de Mateus original além do que é reconhecido. E são tais frases que agora estão no Evangelho de Mateus, o qual deveria ser chamado mais apropriadamente de "evangelho segundo São Jerônimo", que o Bispo de Bombaim e "Um dos leigos" querem que todos, principalmente os cristãos, considerem e aceitem como palavras do Deus Todo-Poderoso que "nunca passarão". *Pro pudor* [Que descaramento – *NT*]! Palavras copiadas com todo tipo de omissões e acréscimos, sem ressalvas, retiradas de várias reproduções orais do texto original – "um livro que eles [seus possuidores] nunca deram a ninguém para ser transcrito", como o próprio São Jerônimo nos diz – ainda reivindicando uma origem divina! Se os expoentes ortodoxos da "teologia histórico-filosófica" na Europa têm até agora tratado com grande timidez todas essas questões que se relacionam à autenticidade da Bíblia, por que deveriam os outros se sentir impedidos de examiná-las tão criticamente quanto fariam à Ilíada de Homero? E tendo feito isso, eles perceberam que naquela literatura heterogênea está incorporada a produção de cem escribas anônimos. Seu próprio nome plural grego "*ta Biblia*" significa "os livros", ou uma coleção de pequenos panfletos, demonstra que ela é uma miscelânea regular de

[7] [Essa passagem é do Prefácio da tradução de Jerônimo dos quatro evangelhos, em sua Vulgata, ou seja, na sua versão feita em Roma entre os anos 382 e 385, sendo o Prefácio dirigido ao papa Dâmaso. Cf. *Nicene and Post-Nicene Fathers*, Vol. 6 da Segunda Série. – Compilador.]

histórias que têm um significado, mas para o cabalista. Toda criança será ensinada cedo que até mesmo as Epístolas foram consideradas sagradas e confiáveis muito antes que os Evangelhos; e que, por dois séculos pelo menos, o Novo Testamento nunca foi encarado pelos cristãos como sendo tão sagrado como o Antigo. E, como podemos aprender nos escritos de São Jerônimo citados acima, no final do quarto século (ele morreu em 420) não havia cânon do Novo Testamento como o temos agora, já que nem mesmo havia acordo sobre quais evangelhos deveriam ser incluídos e considerados sagrados, e quais deveriam ser rejeitados. Assim, também podemos nós, os teosofistas, reivindicar (e talvez com razões muito melhores) que algumas das palavras encontradas ocasionalmente em nossa revista, "nunca passarão".

Carma e dharma[8]

B. P. Wadia[9]
Tradução: Edilson A. Pedrosa

> Mesmo os sábios têm-se enganado sobre o que é ação e o que é inação. Portanto, explicar-te-ei o que é realmente a ação, à luz de cujo conhecimento ficarás livre de todo mal. É preciso aprender: qual é a ação que deve ser executada, qual aquela que não deve ser e o que é inação. O caminho da ação é obscuro. E o homem que vê a inação na ação e a ação na inação é sábio entre os homens, é um verdadeiro devoto e um executor perfeito de toda ação. (Bhagavad-Gita, IV).

Precisamos de uma percepção profunda para compreendermos os termos "carma" e "*dharma*". Entre os textos e tratados filosóficos, o Bhagavad-Gita oferece pensamentos profundos e, à luz deles, pessoas diferentes formam os seus próprios conceitos das duas palavras, os quais são de caráter arquetípico e encerram uma filosofia compacta e consistente, que afeta a todos os aspectos do ser que é o homem. Naturalmente, portanto, cada pessoa tende a enfatizar a sua própria interpretação. O monoteísta, o politeísta e o panteísta; o filólogo, o homem das letras, o filósofo e o místico; e mesmo o político e o reformador social – uns e outros formulam filosofias contraditórias da vida à luz de sua própria compreensão par-

[8] Artigo escrito originalmente para a revista *The Aryan Path*. Este e outros artigos similares de B. Wadia foram compilados no livro *Thus Have I Heard* (Assim eu escutei), publicado após o falecimento do autor.

[9] Bahman Pestonji Wadia (1881-1958) foi um dos fundadores da United Lodge of Theosophists (Loja Unida de Teosofistas).

cial do grande poema, o qual expressa uma alegoria sublime e profunda filosofia prática.

O ocultista que procura entender o que ouviu da sabedoria da longa linhagem de sábios ilustres e de seus companheiros na vida é humilde e cauteloso ao apresentar a sua própria compreensão de aspectos arquetípicos do carma e do dharma. Aqui nos limitaremos a uma consideração do que é proposto nos versos acima mencionados. Eles são sobre o "caminho da ação", "*carma-marga*" que oferecem a filosofia do que não fazer como também do que fazer. E, no entanto, o caminho da ação permanece obscuro para a maioria. Uma das razões para isso é a incapacidade de ver que, para que as ações sejam verdadeiramente justas e benéficas, é preciso ter conhecimento e devoção. A nefasta heresia da separação resultou na divisão em três caminhos – que são os muito comentados: *carma, guiana* e *bhakti*. O resultado é que nenhum dos três caminhos é entendido corretamente.

Ao examinar a "religião das obras", que afeta a própria rotina de vida do homem e o relacionamento com os seus pares, devemos considerar vários "o que fazer" e "o que não fazer" à luz dos ensinamentos do Gita.

Não estar inativo é a primeira das regras negativas. Ociosidade, letargia moral, indolência mental são perigos graves que roçam a alma do homem. Forte é o princípio cósmico do movimento perpétuo e, portanto, afirma-se: "Ninguém fica inativo nem por um momento". Passar um instante ociosamente é uma ação por si mesma.

Mas, que ações devemos realizar? Primeiro, nossos deveres congênitos, deveres que são nossos em decorrência do nosso próprio nascimento. O *dharma* é o cumprimento de nosso destino, construído por nós próprios durante um longo passado; ele nos oferece oportunidades para um maior desenvolvimento por meio da eliminação de defeitos, para os quais são proporcionados o ambiente e as condições mais adequadas como parte do nosso destino. Para determinar quais são os nossos deveres congênitos, temos que observar nossas próprias capacidades e limitações mentais e morais.

O segundo "não" reiterado no Gita é: nunca tente fazer o

dever de outro. O que está implícito nisso? A lei da necessidade. Os atos que não precisamos realizar não podem ser nossos deveres obrigatórios. A regra da necessidade nos ajuda a evitar muitas armadilhas e nos poupa o bem mais precioso: o tempo.

O terceiro "não" é: não seja tentado por desejos e luxúrias. O universo está cheio de compaixão, um poder divino e cheio de graça. Os seres humanos, ouvindo os impulsos e as inclinações dos sentidos, aproveitam-se do poder da compaixão sem conhecimento, de maneira egoísta e ególatra, e descobrem a paixão no cérebro e no sangue. Isso leva o homem a abandonar o caminho do dever do que é justo e bom.

Voltemos gora aos aspectos positivos.

O primeiro deles é: renunciar aos frutos da ação, não à ação propriamente dita. Mesmo quando decidimos lutar contra nossas paixões, precisamos de um campo de trabalho, o *dharmakshetra*. Não procurar frutos ou recompensas implica trabalhar sem ser impelido pelos gostos ou aversões. Não são nossos impulsos sensoriais, os nossos apetites carnais, parte de nosso destino e carma? Não deveríamos deixá-los trabalhar? Não, diz o Gita. Eles foram construídos por nós no passado e devem ser derrotados no presente. Nosso carma está relacionado ao nosso *dharma*. Se nosso destino aponta para um defeito em nós, é nosso dever que o corrijamos. Portanto, o remédio é convidado.

Existem três motivações para a ação correta e, quando a força motora do desejo e da vontade é usada para guiar-nos corretamente na rotina diária da vida, caminhamos rapidamente pelo caminho das boas obras. *Dana* (caridade), *tapas* (controle reflexivo) e *yagna* (sacrifício iluminado) são chamados atos do próprio Krishna. Existem dois estágios principais relacionados com as obras que são de Krishna. Em primeiro lugar, devemos estabelecer o hábito de realizar atos de caridade correta que não fazem mal a ninguém, de ascetismo certo que não danifique nem o corpo nem a mente nem a alma, e sacrifício que não requeira rituais especiais ou cerimônias elaboradas, mas que conceda a certos pequenos atos a pureza da água, a humildade de uma folha, a beleza de uma flor, a poder alimentício de uma fruta. Este hábito de realizar diariamente alguns atos de *dana, tapas e yagna* leva-nos a realizar todos os nossos deveres para com o raio do espírito supremo no centro de nossa consciência. Atos da vida cotidiana, seja em casa, no escritório ou no clube, devem ser puros em seus motivos, humilde na sua execução, organizados e limpos para que sejam bonitos e úteis para a alma de todos. Assim, o homem se torna "um perfeito executor de toda ação".

Não devemos ser apressados; a arte de fazer boas obras, como o verdadeiro conhecimento, não é adquirida fácil ou rapidamente; nossas aspirações devem andar de mãos dadas com uma devoção cada vez mais profunda que faça com que as águas da sabedoria brotem espontaneamente. Bons atos requerem conhecimento; a verdadeira assimilação do conhecimento requer devoção. Esses três andam sempre juntos.

Só assim o aspirante à vida certa poderá realizar a tempo a instrução da *Voz do Silêncio* no: "Tanto a ação quanto a inação podem encontrar espaço em ti; teu corpo agitado, tua mente calma, tua alma tão limpa como um lago na montanha".

A espiritualidade e o feminino

Regina Medina[10]

A espiritualidade é parte integrante de qualquer ser humano. Pode estar ausente ou guardada no íntimo do ser, mas está lá, disponível, esperando o momento de manifestar-se. Muito do que conhecemos sobre ela vem de um histórico focado no masculino. Poucas referências e estudos dedicam-se ao enfoque feminino. Haveria diferenças nas manifestações da espiritualidade quanto ao sexo? Certamente, visto que há condicionamentos históricos e sociais que impediram a expressão da espiritualidade feminina e, às vezes, também a masculina, pois poderiam abalar o sistema social vigente. Mas de modo geral, os homens foram sempre mais favorecidos pela liberdade de ação. Os homens que largaram tudo para viver a espiritualidade plena da forma que escolheram sempre foram admirados e respeitados. Mas seria impensável tal atitude partindo de uma mulher. Mulheres eram perigosas e deveriam estar sempre sob controle da tribo, da família ou de um homem. Estariam expostas a muitos perigos, o que também seria um impedimento, além de desempenharem um papel indispensável e fundamental na manutenção das famílias. Fora da possibilidade do desfrute da liberdade dedicado à busca pessoal por respostas, restou às mulheres a manifestação de uma espiritualidade espontânea, incontrolável e capaz de fluir em casa, no seio da família e no exercício de suas atividades diárias. A investigação interna surgiu no

[10] Regina Medina Alves V. da Silva é a atual presidente da Loja Conde de Saint Germain da Sociedade Teosófica no Brasil.

amor pelo semelhante, no serviço ao próximo, no cuidado com tudo, na execução de suas obrigações rotineiras, sozinha e em silêncio. Se os homens precisam desenvolver tais características no trabalho espiritual, elas, ao contrário, teriam que ir ao mundo, perder o medo de sair do conforto familiar e dedicar o tempo à vivência espiritual com desapego e decisão. Hoje, com a liberdade atual, estudo e trabalho fora de casa, pode parecer pouco importante este aspecto, mas não é. Mulheres sentem-se culpadas ao tirarem o tempo que seria dedicado à família para uma realização pessoal, não se concedem esse direito na maior parte das vezes. Além disso, a liberdade de investigação, de questionar e buscar estudo e conhecimento não é ainda real em grande parte do planeta, onde mulheres ainda são consideradas seres de segunda classe. Esta liberdade levou milênios para chegar onde já é possível.

Em criança, estudando em um colégio de freiras católico, eu não encontrava respostas às questões ligadas ao feminino e à espiritualidade. Nunca coloquei a ninguém pergunta que estava em mim: Por que Deus era considerado masculino e Pai? Algo dentro de mim calava a pergunta inconveniente, mas isso não impediu que eu sentisse o despertar da espiritualidade e lembro do que hoje chamo de "um certo estado alterado de consciência" no dia da minha primeira comunhão, gravado para sempre nos detalhes da memória.

Durante toda a vida busquei o motivo para tal identificação do masculino com a espiritualidade máxima e as características que estariam ligadas à espiritualidade feminina. E a busca histórica revelou-me os arquétipos que foram construídos através dos tempos. Descobri que a primeira concepção humana de um de Deus foi feminina. Nos cantos mais distantes da Terra, onde surgiram as mais antigas civilizações, lá está a Deusa-mãe. Ainda que rudemente talhada por uma civilização nascente, a mãe, o maior arquétipo de todos, é a divindade máxima. É dela que vêm os seres e para ela retornam. E a mulher, sua sacerdotisa, é a conexão do mundo físico com o mundo divino, a representante da Deusa-mãe, pois é através dela que os seres nascem. A vida, sua concepção e morte, tudo é um grande mistério. O céu estrelado é o manto da mãe, as árvores, plantas, frutos e animais são o seu reino, os seus símbolos. Ela lida com a terra e descobre os segredos das plantas, inventa a medicina. O reinado feminino acaba quando o homem descobre o seu papel na fecundação e perde o medo de impor as regras pela força física, mas o símbolo permanece nas deusas de todas as civilizações onde há uma representação divinizada do feminino. As madonas são a expressão do amor materno que cada mãe dedica aos seres que coloca no planeta. As Madonas negras demonstram a antiguidade do culto, lembrando a Terra e uma humanidade que, segundo a ciência, nasceu negra. O papel da mãe na família é fundamental. Sua reza acompanha e guarda a segurança dos filhos, é a proteção segura do amor verdadeiro e dedicado, verdadeira magia, incontestável.

Outro aspecto é a dedicação ao outro, uma expansão do amor materno voltado para a caridade, o próximo. O último exemplo é Madre Teresa de Calcutá, cuja importância do trabalho realizado para com os necessitados foi reconhecida até por grupos religiosos não católicos, mesmo os que não costumam dar espaço às mulheres. Ela representa outro importante arquétipo do feminino que sempre foi respeitado e aceito, levado à sua expressão máxima e indiscutível.

Outro arquétipo é o da beleza e existem deusas que representam tal aspecto. Apesar de ter sido explorado na sua expressão mais física em templos da antiguidade, onde havia a "prostituição sagrada" em benefício dos templos, o conceito de beleza e de sabedoria são ligados ao feminino. Sócrates descreve o ensinamento que recebeu da sacerdotisa Diotima sobre a busca da beleza , em que o interesse humano é despertado pelos dotes físicos, cresce em direção à contemplação da beleza da alma, dos belos ideais, chegando à realização da beleza em si, da descoberta da divindade. Deusas representam as artes, a sabedoria e a beleza na Grécia, em Roma, na Índia e outros lugares.

As antigas escolas de mistério sempre admitiram mulheres nos seus ensinamentos, apesar da sociedade que não dava espaço à mulher. O cristianismo nasceu com a participação delas, que sempre acompanharam e apoiaram Jesus, até na crucificação, continuando nos primeiros tempos. Mas um dia foram colocadas no seu lugar social: caladas, sem voz na Igreja cristã que viram nascer e pela qual morreram como mártires junto aos homens nos tempos difíceis.

O mundo celta, que ocupava boa parte da Europa antes da romanização e cristianização, dava uma liberdade à mulher que só se igualava à civilização que floresceu em Creta, na Idade do Bronze. A liberdade que gozavam, ainda sob a bênção da Deusa-mãe, desapareceu e deu lugar à opressão grega às mulheres, confinadas ao gineceu, parte da casa destinada a elas. Entre os celtas havia rainha, sacerdotisas, profetisas e curandeiras muito respeitadas. Os romanos ficavam horrorizados com a naturalidade com que os celtas aceitavam o poder feminino e destruíram o druidismo, religião que unia e dava uma identidade àqueles povos. O cristianismo, que apareceu mais tarde, não conseguiu apagar tradições fixadas nas mentes e corações daqueles povos, tendo que incorporar deusas como santas e festivais mudando de dono e de nomes.

Mas apesar do banimento do ideal espiritual identificado com o feminino, viu-se obrigado, com o tempo, a restaurar a imagem da mãe, tão cara para aqueles povos, Na Irlanda, só penetrou no século IX e teve que fazer concessões. Maria desponta como uma intermediária das mudanças. Restaura o papel da mãe compassiva, consoladora, que protege no nascimento, na doença e na hora da morte. A mãe com sua coroa e manto adornado de estrelas lembra o céu, sua morada e reino. A estrela da manhã representada por Vênus, a rainha do mar, a consoladora, símbolos da mãe cósmica que conservam o arquétipo mais antigo que mora na alma humana para o povo. Na ladainha de Nossa Senhora estão os títulos da mãe que velou pela humanidade muito antes e por muito mais tempo do que a identificação com uma divindade masculina. Nela estão Ishtar, Ísis, Kuan Yin, Durga e outras. As palavras maio, mare, Maria, vêm de uma mesma raiz e trazem a simbologia de toda a espiritualidade ligada ao feminino.

No Ocidente, os conventos católicos ofereceram à mulher uma oportunidade de escapar da autoridade paterna e da conjugal para a vivência da espiritualidade. É o caso de Teresa de

Ávila, que teve que fugir de casa para viver a experiência mística que confundiu e impressionou os investigadores da Inquisição e que, a pedido de seu confessor, começou a escrever os livros que revelaram a riqueza de sua alta espiritualidade espontânea e consciente. Seu trabalho tornou-a "Doutora da Igreja", título impressionante para uma freira em uma religião onde o papel feminino é subalterno e sem esperança de grandes mudanças até hoje.

A profetisa e a mística são outros grandes arquétipos bastante relacionados com o feminino.

A pitonisa de Delfos, as sibilas, as sacerdotisas druidas das florestas, todas foram muito valorizadas no seu tempo e há registros de sua eficiência na profecia até para reis. As mulheres reconhecem todos estes arquétipos dentro delas, demonstrados com discrição, muitas vezes reconhecidos e disponíveis apenas para familiares e amigos. Mas a naturalidade e a espontaneidade do chamado espiritual simplesmente brotam, com características próprias a cada mulher e sem a necessidade da intermediação de gurus e sacerdotes. São as santas, reconhecidas por suas realizações, mais do que por qualquer instituição. É o caso de Rábia Al Basri, a primeira santa mística sufi do Islã. Nasceu no Iraque, entre os anos 713 e 715. Tendo sido raptada quando viajava em uma caravana, foi vendida como escrava. E seu dono acabou libertando-a, impressionado com seus dons espirituais, passando noites em estado alterado e rezando após dias inteiros de muito trabalho. Ela chegou a fazer muitos discípulos após sua libertação.

Na Índia há muitas mulheres consideradas santas, como a princesa Mira Bai, admirada pelos seus escritos até hoje. Mas o hinduísmo védico não concede seus grandes ensinamentos nem às mulheres nem aos homens não brâmanes. Mas parece que não foi sempre assim, pois os Vedas falam de um tempo em que os ensinamentos sagrados eram transmitidos às mulheres, e os antigos Vedas podem ter partes compostas por elas. A escritora americana Linda Johsen, em seu livro "Filhas da Deusa" relata sua pesquisa feita sobre as santas modernas na Índia, apresenta exemplos disso e ensina que a religião mais antiga da Índia é o tantra, que sobreviveu paralelamente ao sistema ortodoxo. É o *shaktismo*, que permeia todas as outras escolas de pensamento e práticas. Foi muito descaracterizado no Ocidente e, na Índia, ficou com a fama de" Ioga do sexo" por aceitar mulheres e qualquer pessoa, independentemente de condição social, verdadeiro sacrilégio para a ortodoxia. Ao contrário das exigências de casta e sexo masculino, exigia que a pessoa fosse apenas sincera, autodisciplinada e motivada. Teve que ser praticado com discrição para não irritar os fundamentalistas. Segundo Linda, "são primordialmente as práticas tântricas (tais como o controle da respiração, a meditação, as *krya* e mantra iogas), e não o bramanismo ortodoxo, que têm sido transplantadas da Índia para a cultura ocidental." O que importa é o merecimento e motivação pessoal na transmissão desse conhecimento, e estrangeiros são bem-vindos. Tradições como a *Self Realization Fellowship* e outras são conduzidas por mulheres, designadas por seus gurus como suas sucessoras. Esses ensinamentos continuam a ser espalhados no Ocidente e, como aqui há mais liberdade e espaço para a participação espiritual feminina, continuam crescendo bastante.

Aos poucos, as mulheres também abrem caminhos novos nas religiões tradicionais. Já existem rabinas, pastoras, monjas budistas e diaconisas católicas que fazem um trabalho impensável há 50 anos, por exemplo. Não foi fácil a conquista desse espaço, foi necessário superar cada obstáculo e cada preconceito, mostrar que tinham competência, como é relatado por algumas delas. As freiras, por exemplo, continuam buscando maior participação. As mulheres têm agora mais exemplos disponíveis como modelos na sua busca espiritual. Mas é preciso ter em mente que em muitos pontos do planeta essa possibilidade ainda é totalmente negada. Só resta o cumprimento do dever imposto, a cópia do modelo traçado pela sociedade e a busca solitária e escondida até a descoberta da divindade interna.

O conhecimento disponível hoje proporciona maior amplitude na busca pelo nosso verdadeiro eu, o espiritual. E nos meus questionamentos a respeito do papel do feminino quanto à espiritualidade, tive a sorte de encontrar os ensinamentos de Helena Blavatsky, uma mulher que enfrentou o condicionamento social de sua época e sacrificou suas posses, posição e saúde na busca por conhecimento e espiritualidade. Pesquisou profundamente as antigas tradições orientais e ocidentais, escreveu livros que revelam o simbolismo oculto, que se tornou disponível para pesquisadores sérios. Foi assim que compreendi o sentido do verdadeiro feminino e masculino que se manifestam e são partes iguais da mesma fonte. Nos escritos antigos fala-se do espírito como masculino e da matéria como feminina, razão pela qual a mulher foi desvalorizada e identificada com a matéria e o homem com o espírito. Apesar de espírito e matéria estarem presentes nos dois, ou não haveria vida manifestada, houve uma identificação com a função do espírito ou da matéria, como se fossem completamente distintos. Blavatsky explica que no estado indiferenciado e não manifestado (*pralaya*), *mare*, o mar cósmico, o número (a raiz) da matéria, está imóvel, uno com a vida ou espírito. A manifestação da vida precisa da dualidade e da divisão para vir a ser. Diz Helena Blavatsky na sua obra *A Doutrina Secreta*:

"O espírito e a matéria devem ser, no entanto, considerados não como realidades independentes, mas como duas facetas ou aspectos do Absoluto (ou Parabrahman) que constituem a base do ser condicionado. Durante o *pralaya* – espírito (vida) e matéria (forma) tornam-se um, como sempre foram. No *manvantara* (manifestação), dividem-se e inicia-se a multiplicação."

Após tantas pesquisas, descobri, racionalmente, a explicação que busquei e pressenti. A fonte da vida é uma, é pai e mãe, pouco importando a identificação humana que lhe seja dada. O masculino e o feminino são sagrados e complementares, presentes em todos os seres humanos, diferentes apenas em graus durante a encarnação ou corporificação. E para os que aceitam a reencarnação, os papéis serão trocados de vez em quando, para que aprendizagens diferentes ocorram.

A "deusa" que habita o coração de homens e mulheres continuará se manifestando. Agora incorpora mais um de seus antigos atributos: o que inclui a natureza, a mãe Terra. Os seres humanos de hoje têm diante de si a tarefa e o desafio de mudar o seu relacionamento com o planeta, os animais, as plantas e as fontes de recursos naturais, ou não sobreviverão.

O Novo Ciclo[11]

Helena P. Blavatsky
Tradução: Edilson A. Pedrosa

Não deve ser permitida nenhuma publicação inicial de uma revista teosófica ortodoxa e oficial sem que se deem aos nossos leitores algumas informações que consideramos ser de absoluta necessidade.

De fato, as ideias que as pessoas têm tido até agora com relação à Sociedade Teosófica da Índia, como é conhecida, são tão vagas e variadas, que mesmo muitos de nossos membros sustentam opiniões errôneas sobre o assunto. Nada poderia mostrar melhor a necessidade de se explicar cabalmente o objetivo que nos esforçamos para alcançar em uma revista devotada exclusivamente à teosofia. Assim, antes de pedirmos aos nossos leitores que mostrem algum interesse por ela ou mesmo que tentem, nós definitivamente lhes devemos certas explanações preliminares.

"O que é teosofia?", "por que o nome pretensioso?", perguntam-nos logo de início. Quando nós respondemos que teosofia é sabedoria divina, ou a sabedoria dos deuses (*theosophia*), em vez de sabedoria de deus, outra objeção ainda mais extraordinária é feita: "Vocês não são budistas?", "nós sabemos que os budistas não acreditam nem num Deus nem em muitos deuses..."

Completamente correto. Mas para começar, nós não somos mais budistas do que somos cristãos, maometanos, judeus, zoroastrianos ou bramanistas. Então, ainda sobre o assunto dos deuses, nós nos apegamos ao método esotérico da *hyponoia* de Ammoius Saccas, em outras palavras, o significado oculto do termo. Não foi dito por Aristóteles:

"A essência divina permeando a natureza e sendo difusa por todo o universo que é infinito, que os *hoi polloi* chamam os deuses, são simplesmente os primeiros princípios...?"

Em outras palavras, as forças criadoras inteligentes da natureza. Isso não significa que a partir do fato que os filóso-

[11] *La Revue Theosophique*, Paris, Vol. N° 1, 21 de Março, 1889, pp.3-13 (artigo n° 1). Em *https://espacetheosophie.fr/images/PDF/DocumentsBrochuresPDF/LeCycleNouveau-HPB-Impr.pdf*. [Traduzido originalmente do francês para o inglês].

fos budistas reconhecem e conhecem a natureza dessas forças, bem como quaisquer outros filósofos, que a sociedade, como sociedade, seja budista. Na sua qualidade de um corpo abstrato, a sociedade não acredita em nada, não aceita nada e não ensina nada. A sociedade *per se* não pode nem deve ter qualquer religião. Cultos, afinal, são meramente veículos, formas mais ou menos materiais, contendo um grau menor ou maior da essência da verdade, que é una e universal. Teosofia é, em princípio, a ciência espiritual bem como física daquela verdade, a essência pura da pesquisa deísta e filosófica. Representante visível da verdade universal – visto que todas as religiões e filosofias nela estão contidas, e que cada uma delas contém por sua vez uma porção daquela verdade – a sociedade não poderia ser mais sectária ou ter mais favoritismo ou parcialidade do que uma sociedade antropológica ou uma sociedade geográfica. Está a última preocupada se seus exploradores pertencem a essa ou àquela religião, contanto que cada um de seus membros continue a cumprir corajosamente os seus deveres?

Se, então, como muitas vezes antes, nos perguntarem se nós somos deístas, ateus, espiritualistas ou materialistas, idealistas ou positivistas, monarquistas ou republicanos ou socialistas, nós responderemos que cada uma dessas visões está representada na Sociedade. E eu tenho que meramente repetir aquilo que disse exatamente dez anos atrás em um artigo definitivo no *The Theosophist* para mostrar o quanto aquilo que o público pensa de nós difere daquilo que somos na realidade. Nossa Sociedade tem sido acusada em várias ocasiões dos erros mais singulares e mais contraditórios, e motivos e ideias têm sido imputados a ela, os quais ela nunca teve. O que é que ainda não foi dito de nós! Um dia, nós éramos uma sociedade de ignorantes que acreditava em milagres; no outro dia nos proclamaram taumaturgos; nossos objetivos são secretos e inteiramente políticos, disseram pela manhã; nós éramos carbonários e niilistas perigosos; mas à tarde, se descobriu que éramos espiões assalariados pela Rússia monárquica e autocrática. Outra vez, e sem mudança de espécie alguma, nós nos tornamos jesuítas procurando arruinar o espiritismo na França. Os positivistas americanos viram em nós fanáticos religiosos, enquanto o clero de cada país nos denunciou como emissários de Satã etc... Nossos bravos críticos, com a mais imparcial delicadeza, dividiram finalmente os teósofos em duas categorias: charlatães e patetas.

Mas, a pessoa só calunia aquele a quem odeia ou teme. Por que alguém nos odiaria? Quanto a nos temer, quem vai saber? Nem sempre é sábio dizer a verdade, e nós dizemos, talvez, muitas verdades por demais verdadeiras. Apesar de tudo isso, desde o dia da formação da Sociedade nos Estados Unidos, quatorze anos atrás, nossos ensinamentos têm encontrado uma recepção completamente imprevisível. O programa original teve se ser ampliado, e a área de nossa pesquisa e exploração combinadas no presente momento se perdeu de vista além do horizonte finito. Essa expansão foi provocada por um número cada vez maior de adesões, um número que cresce todo dia; a diversidade de suas raças e religiões requer de nós estudos cada vez mais profundos. Contudo, ao passo que nosso programa foi ampliado, os seus objetivos principais não foram nem um pouco alterados, exceto infelizmente no caso daquele que foi o mais próximo dos nossos corações, a saber, o primeiro, i.e., fraternidade universal sem distinção de raça, crença, ou cor. Apesar de todos os nossos esforços, este objetivo tem sido quase que constantemente ignorado ou se tornado letra morta, especialmente na Índia, graças à inata altivez e ao orgulho nacional dos ingleses. Com essa exceção, os outros dois objetivos, a saber, o estudo das religiões orientais, especialmente dos antigos cultos védicos e budistas, e nossa pesquisa sobre os poderes latentes do homem, têm sido perseguidos com um zelo que tem tido as suas recompensas.

Desde 1876, temos sido forçados a nos afastarmos cada vez mais da ampla estrada das generalidades, como planejado no começo, a fim de nos aventurarmos por caminhos colaterais que seguem em círculos infinitamente. Desse modo, aconteceu que, a fim de satisfazer todos os teósofos e traçar a origem de cada religião, nós tivemos de circular todo o globo, começando nossa peregrinação na aurora do ciclo da humanidade nascente. Essas pesquisas conduziram a uma síntese que acabou de ser esboçada em *A Doutrina Secreta*, algumas partes da qual serão traduzidas na presente revista. A doutrina está rudimentarmente esboçada em nossos dois volumes e, mesmo assim, os mistérios desvelados neles, concernentes às crenças dos povos pré-históricos, cosmogonia e antropologia, nunca tinham sido divulgados até agora. Certos dogmas, certas teorias, chocam-se no interior da doutrina secreta com teorias científicas, especialmente com a de Darwin; ao contrário, elas explicam e esclarecem aquilo que até hoje era incompreensível e preenchem mais de uma lacuna que, *nolens volens*,[12] foi deixada vazia pela ciência ortodoxa. Nós tivemos de apresentar essas doutrinas da forma em que elas estão ou então nunca abordaríamos o assunto. Aquele que teme essas perspectivas infinitas e que tentasse abreviá-las de alguma maneira, por meio de atalhos, pontes e supressões erguidas artificialmente pela ciência moderna, por meio dessas mil e uma lacunas, melhor seria que não se aventurasse pelas *Termópilas* (*Thermopylae*)[13] da ciência arcaica.

Este tem sido um dos resultados de nossa Sociedade, um resultado muito pobre, talvez, mas um que certamente será seguido por outras revelações, exotéricas ou puramente esotéricas. Se falamos disso, é para mostrar que nós não pregamos uma única ou qualquer religião (específica), deixando para cada membro a completa e inteira liberdade de seguir sua própria crença particular. O alvo principal de nossa organização, que estamos trabalhando para formar uma verdadeira fraternidade, está completamente expresso no lema da Sociedade Teosófica e de todos os seus órgãos oficiais: "não há religião superior à verdade". Como uma sociedade impessoal, nós temos de nos apegar à verdade onde quer que a encontremos, sem nos permitirmos mais parcialidade por uma crença do que por outra. Isso leva diretamente a uma conclusão bastante lógica: se nós saudamos e recebemos de braços abertos todos os buscadores sinceros da verdade, não pode haver nenhum lugar em nossas fileiras para os veementemente sectá-

[12] Latim: querendo ou não (NT).

[13] Grego: uma passagem, na Grécia, entre os desfiladeiros do Monte Oeta e o Golfo de Lamia; a expressão pode se referir à derrota dos persa pelos espartanos em 480 a.C. (um abismo muito perigoso). Fonte: *dictionary.com* acesso em 3/5/2018. (N.T)

rios, os fanáticos ou para os hipócritas, presos dentro das muralhas da China do dogma, cada pedra contendo as palavras: "não admitimos!" Que lugar poderiam tais fanáticos ocupar entre nós? Fanáticos cujas religiões proíbem quaisquer questionamentos e não admitem qualquer argumentação possível, quando a ideia mãe, a própria raiz de onde brota a bela planta que nós chamamos teosofia é conhecida por conceder a absoluta e irrestrita liberdade para investigar todos os mistérios da natureza, humanos e divinos.

Com esta exceção, a Sociedade convida todos para participarem de suas atividades e descobertas. Quem quer que sinta o coração bater em uníssono com o grande coração da humanidade; qualquer um que queira que seus interesses sejam unos com os daqueles seres mais pobres e menos afortunados que eles mesmos; todo homem ou mulher que esteja pronto a estender uma mão em auxílio daqueles que sofrem; quem quer que entenda o verdadeiro significado da palavra "egoísmo" é um teósofo de nascimento e de direito. Ele pode sempre estar certo de encontrar almas solidárias em nosso meio. Nossa Sociedade é realmente um tipo de humanidade em miniatura onde, como na espécie humana em geral, a pessoa sempre pode encontrar sua contraparte.

Se nos dizem que em nossa Sociedade ateus e deístas se acotovelam, idealistas acotovelam materialistas, nós respondemos: "Que importância tem isso?" Seja o indivíduo um materialista, i.e., alguém que encontra na matéria o potencial infinito da criação ou, em vez disso, acredita na evolução de toda a vida terrestre ou que ele seja um espiritualista dotado de uma percepção espiritual que o primeiro não tem – de que maneira isso impediria um ou outro de ser um bom teósofo? Além disso, os adoradores de um deus pessoal ou de uma substancia divina são bem mais materialistas do que os panteístas que rejeitam a ideia de um deus encarnado, mas que percebem a essência divina em cada átomo. Todos sabem que o budismo não reconhece nem um deus nem muitos deuses. Ainda assim o *arhat*, para quem todo átomo de pó está tão repleto de *svabhavat* (substancia plástica, eterna e inteligente, embora impessoal) quanto ele próprio, e que se esforça para assimilar este *svabhavat* identificando-se com o Todo a fim de alcançar o nirvana, deve trilhar a mesma estrada dolorosa da renúncia, das boas obras e do altruísmo e levar a mesma vida santificada, embora menos egoísta em sua motivação, que um cristão beato. Qual é a importância da forma passageira se a meta a ser alcançada é a mesma essência eterna, se essa essência se manifesta à percepção humana como substância, ou como um sopro imaterial, ou como nada! Vamos admitir a Presença, seja ela chamada de Deus pessoal ou substância universal, e reconhecer uma causa se todos nós vemos os seus efeitos. Mas, sendo tais efeitos os mesmos tanto para os ateus-budistas como para os deístas-cristãos e, sendo a causa invisível tão inescrutável para um como para o outro, por que desperdiçar nosso tempo correndo atrás de uma sombra que não se pode agarrar? Quando tudo estiver dito, o maior dos materialistas, assim como o mais transcendental dos filósofos, admitirá a onipresença de um *proteus* impalpável, onipotente em sua ubiquidade em todos os reinos da natureza, incluindo o homem. *Proteus* indivisível em sua essência e forma esquiva, embora aparente em toda e cada forma; que está aqui e lá e em toda parte e em lugar algum; é o Tudo e o Nada; ubíquo ainda que Uno; essência universal juntando, contendo tudo e em tudo contido. Onde está o teólogo que possa ir mais além? É suficiente reconhecer essas verdades para ser um teósofo, pois este reconhecimento é o equivalente a admitir que não somente a humanidade – composta como é por milhares de raças –, mas tudo o que vive e vegeta, em resumo, tudo aquilo que é, é feito da mesma essência e substância, é animado pelo mesmo espírito, e que, consequentemente, tudo na natureza, quer física, quer moral, está vinculado em solidariedade.

Nós já dissemos em outro lugar, no *The Theosophist*, que "nascida nos Estados Unidos da América a Sociedade Teosófica foi constituída no modelo da sua terra mãe". A última, como se sabe, omitiu o nome Deus de sua Constituição, por medo, disseram os pais da república, de que a palavra pudesse um dia tornar-se o pretexto para um estado religioso; pois eles desejavam garantir absoluta igualdade a todas as religiões sob a lei, para que cada forma pudesse apoiar o estado, o qual por sua vez protegeria todas elas.

A Sociedade Teosófica foi fundada sobre esse excelente modelo.

No momento presente, suas 173 filiais estão agrupadas em diversas seções. Na Índia, estas seções são autônomas e proveem suas próprias despesas. Fora da Índia, há duas grandes seções: uma na América (EUA) outra na Inglaterra (Seção Americana e Seção Inglesa). Desde modo, cada filial, como cada membro, está livre para professar qualquer religião e estudar qualquer filosofia ou ciência que preferir, desde que todos se mantenham unidos no laço de solidariedade e fraternidade, nossa Sociedade pode verdadeiramente se chamar uma "república da consciência".

Embora esteja livre para perseguir qualquer ocupação intelectual que melhor lhe satisfaça, cada membro de nossa Sociedade deve, contudo, fornecer alguma razão para pertencer a ela, o que representa dizer que cada membro deve contribuir com sua parte, não importa quão pequena seja, em trabalho mental ou outro trabalho para o benefício de todos. Se a pessoa não trabalha para os outros ela não tem nenhum direito de ser chamada de teósofo. Todos devem lutar pela liberdade de pensamento, pela eliminação das superstições egoístas e sectárias e pela descoberta de todas as verdades que estiveram ao alcance da mente humana. Tal objetivo não pode ser alcançado com maior certeza do que pelo cultivo de uma unidade de trabalhos intelectuais. Nenhum trabalhador honesto, nenhum zeloso buscador pode ficar com as mãos livres, e não há nenhum homem ou mulher, por mais ocupado que ache que esteja julgado incapaz de oferecer sua contribuição moral ou monetária no altar da verdade. O trabalho dos presidentes das filiais e seções será daqui para frente se certificarem que a colmeia teosófica seja mantida livre daqueles zangões que ficam apenas zumbindo.

Mais uma palavra. Quantas vezes não foram os dois fundadores da Sociedade Teosófica acusados de ambição e autocracia! Quantas vezes não foram eles censurados por um alegado desejo de impor sua vontade sobre os outros membros! Nada mais injusto. Os fundadores da Sociedade sempre foram os primeiros e mais humildes servos de seus colaboradores e colegas, sempre prontos para ajudá-los com qualquer luz fraca que eles pudessem ter, e apoiá-los em sua luta contra os egoístas, os indiferentes e os sectários; pois está é a luta mais importante para a qual todos os que ingressam na nossa Sociedade, que é geralmente mal compreendida pelo público, devem se preparar. Além disso, os relatórios publicados depois de cada Convenção Anual estão lá para comprová-lo. No nosso último aniversário, realizado em Madras em dezembro de 1888, reformas importantes foram propostas e adotadas. Qualquer coisa que pudesse sugerir uma obrigação monetária deixou de existir, mesmo o pagamento de 25 francos por um diploma foi abolido. De agora em diante, os membros estão livres para dar o que quiserem, se eles tiverem em seus corações ajudar e apoiar a Sociedade ou não darem absolutamente nada.

Nessas circunstancias e no presente momento da história teosófica, é fácil entender o propósito de uma revista devotada exclusivamente à propagação das nossas ideias. Nela nós desejamos apontar para novos horizontes intelectuais, traçar rotas inexploradas conducentes ao melhoramento da humanidade; oferecer uma palavra de consolo a todos os deserdados da terra quer sofram de inanição da alma ou de falta em suas necessidades físicas. Nós convidamos todos os indivíduos de grande coração que desejarem atender a este apelo para juntarem-se a nós neste trabalho humanitário. Cada colaborador, seja membro da Sociedade ou simplesmente um simpatizante, pode nos ajudar a fazer desta revista o único órgão da verdadeira teosofia na França. Nós estamos face a face com todas as possibilidades gloriosas de futuro. Esta é novamente a hora do grande retorno cíclico da maré ascendente do pensamento místico na Europa. De cada lado nós estamos rodeados por um oceano de ciência universal – a ciência da vida eterna – contendo em suas ondas os tesouros submersos e esquecidos de gerações desaparecidas, tesouros ainda desconhecidos das modernas raças civilizadas. A forte corrente que se ergue desde as águas do abismo, das profundezas onde jazem as artes e o conhecimento pré-históricos tragados junto com os gigantes – semideuses, embora fossem meros esboços do homem mortal – tal corrente nos golpeia a face e murmura: "Aquilo que já foi ainda existe; aquilo que foi esquecido, soterrado por éons nas profundezas dos estratos jurássicos, pode reaparecer à vista mais uma vez. Preparem-se."

Felizes aqueles que podem interpretar a linguagem dos elementos. Mas para onde irão aqueles para quem a palavra 'elemento' não tem outro significado a não ser aquele que lhe dão a física e a química materialistas? Será que rumarão para costas já conhecidas, impelidos pelas ondas das grandes águas quando perderem o equilíbrio no dilúvio que se aproxima? Será para os picos de um novo Ararate que eles serão conduzidos na direção das alturas para a luz do sol, onde haja uma planície onde se possa pôr os pés em segurança ou, por acaso, é um abismo insondável que os engolirá assim que tentarem lutar contra as ondulações irresistíveis de um elemento desconhecido?

Nós precisamos nos preparar para estudar a verdade em cada aspecto, fazendo esforço para nada ignorar, se não quisermos cair no abismo do desconhecido quando chegar a hora. É inútil abandonar com indiferença isso ao acaso e esperar a crise intelectual e psíquica que se arma, dizendo, com descrença crassa, que a pior das marés que se ergue nos levará naturalmente à costa; pois é muito mais provável que as ondas revoltas lançarão de si nada mais que um cadáver. Em todo caso, será terrível a briga entre, de um lado, o materialismo brutal e, do outro, o fanatismo cego – o misticismo, aquele véu de mais ou menos translucidez que esconde a verdade eterna.

Mas não será o materialismo que levará vantagem. Cada fanático cujas ideias o isolarem do axioma universal ("não há religião superior à verdade") ver-se-á rejeitado por esse mesmo fato, como uma pedra lançada fora dos arcos do que se chama humanidade. Jogado pelas ondas, levado aos ventos, cambaleando naquele elemento que é tão terrível por ser desconhecido, ele logo se verá submerso.

Sim, deve ser assim porque não poderia ser de outro modo, quando a chama artificial e indiferente do materialismo for extinta por falta de combustível. Aqueles que não se podem acostumar à ideia de um ego espiritual, uma alma vivente e um espírito eterno dentro de suas conchas materiais (que devem sua existência ilusória a tais princípios); aqueles para quem a grande esperança de uma existência para além da sepultura é um aborrecimento, meramente o símbolo de uma quantidade desconhecida ou, então, a matéria de uma crença *sui generis*, o resultado de alucinações teológicas e mediúnicas – estes fariam bem em se preparar para a pior decepção que o futuro poderia possivelmente ter lhes reservado. Das profundezas da escuridão, águas lamacentas da materialidade, de cada lado, escondem deles os horizontes do grande além, uma força mística que se está erguendo durante estes últimos anos do século. Nó máximo é apenas o farfalhar gentil, mas é um farfalhar super-humano – "sobrenatural" somente para os supersticiosos e ignorantes. O espirito da verdade está passando agora por sobre a face das águas turvas e, abrindo-as, as compele a expelirem seus tesouros espirituais. Este espírito é uma força que não pode ser nem atrasada, nem paralisada. Aqueles que a reconhecem e sentem que este é o momento supremo de sua salvação serão levantados e carregados diante das ilusões da grande serpente astral. A alegria que eles experimentarão será tão intensa e pungente que a beatitude os perfuraria como aço afiado se eles não fossem isolados mentalmente dos seus corpos carnais. Não é prazer o que eles experimentarão, mas uma felicidade que é uma antevisão do conhecimento dos deuses, o conhecimento do bem e do mal e dos frutos da árvore da vida.

Muito embora o homem de hoje possa ser um fanático, um cético, ou um místico, ele precisa tornar-se completamente convencido de que é inútil para ele lutar contra as forças morais hoje desencadeadas e em embate supremo. Ele está à mercê destes dois adversários, e nenhuma força intermediária será capaz de protegê-lo. É nada mais do que uma questão de escolha, deixar-se arrastar sem lutar por uma onda de evolução mística, ou contorcer-se contra a reação de evolução moral e psíquica e, assim, ver-se tragado no remoinho de uma nova maré. No presente momento, o mundo inteiro, com seus centros de alta inteligência e cultura humana, seus pontos focais de vida política, artística, literária e comercial, está em tumulto; tudo está balançando e desmoronando em seu movimento em direção à reforma. É inútil permanecer cego, é inútil esperar que alguém consiga ficar neutro entre as duas forças rivais; é necessário que se escolha um ou outro lado, ou ser esmagado entre elas. O homem que imagina ter escolhido a liberdade, mas continua submerso nesse caldeirão em ebulição, espumando matéria imunda chamada vida social, trai mais terrivelmente seu eu divino, uma traição que em seu curso cegará aquele eu em um longo curso de uma longa série de encarnações futuras. Todos dentre vocês que hesitam na senda da teosofia e das ciências ocultas, que estão trêmulos diante do portal da verdade – o único ao seu alcance, pois todos os outros vos têm falhado, de um ou de outro modo – encarem diretamente a grande realidade que se lhes oferece. É para místicos apenas que se dirigem essas palavras, pois apenas para eles elas têm qualquer importância; para aqueles que já fizeram suas escolhas, elas são inúteis e vãs. Mas vocês, ocultistas, cabalistas, e teósofos, vocês conhecem bem aquela palavra, velha como o mundo, embora nova para vocês, que ressoou no principio deste ciclo, e a potencialidade da mesma que, despercebida pelos outros, jaz oculta na soma dos dígitos 1 8 8 9; vocês bem sabem que uma nota acabou de soar que nunca fora ouvida antes pela humanidade desta era; e uma nova ideia foi revelada, amadurecida pelas forças da evolução. Esta ideia difere de tudo que já foi produzido no século dezenove; é idêntica, entretanto, ao pensamento que tem sido o tom dominante e a nota chave de cada século, especialmente do último – absoluta liberdade de pensamento para a humanidade.

Por que tentar sufocar e suprimir aquilo que não pode ser destruído? Por que lutar quando não há outra escolha a não ser se permitir levantar junto com a crista da onda espiritual até os próprios céus, além das estrelas e dos universos ou ser submerso no abismo de um oceano de matéria? Vãos são seus esforços para fazer soar o insondável, alcançar o limite definitivo desse assunto tão maravilhoso e glorificado em nosso século; pois suas raízes crescem no espírito e no absoluto; elas não existem; embora estejam eternamente presentes.

Esse contato constante com a carne, sangue e ossos, a ilusão da matéria diferenciada nada mais fazem do que vos cegar; e quanto mais vocês penetram na região dos átomos impalpáveis da química, tanto mais vocês estarão convencidos de que eles existem apenas em sua imaginação. Vocês realmente esperam encontrar lá cada verdade e cada realidade da existência? Pois a morte está à porta de todos, a esperar para fechá-la atrás das bem amadas almas que escapam de sua prisão, sobre a alma que sozinha fez do corpo uma realidade; como pode o amor eterno associar-se com as moléculas da matéria que mudam e desaparecem?

Mas vocês talvez sejam indiferentes a todas essas coisas. Como pode, então, o afeto e as almas daqueles a quem amam os preocuparem absolutamente, já que vocês não acreditam na própria existência de tais almas? Tem que ser assim. Vocês fizeram sua escolha; vocês entraram naquele caminho que atravessa nada mais que os desertos da matéria. Vocês estão autocondenados a vegetar ali por uma longa série de existências. Daqui em diante, vocês terão de se contentar com delírios e febres em vez de percepções espirituais, com paixão em vez de amor, com cascas em vez de frutos.

Mas vocês, amigos e leitores, que aspiram a alguma coisa mais do que a vida do esquilo que faz girar a mesma roda para sempre; vocês que não estão contentes com a fervura do caldeirão cujos tumultos resultam em nada; vocês que não compreendem de forma errada os ecos surdos, tão velhos quanto o mundo, da voz divina da verdade; preparem-se para um futuro do qual apenas alguns poucos em vosso meio ousaram sonhar, a menos que já tenham entrado na senda. Pois vocês escolheram uma senda que, embora espinhosa no início, logo se amplia e vos conduz à verdade divina. Vocês estão livres para duvidar enquanto estão ainda no começo do caminho, vocês estão livres para recusar aceitar os relatos ouvidos do que é ensinado com respeito à fonte e causa da verdade, mas vocês são sempre capazes de ouvir o que a sua voz está lhes dizendo e vocês podem sempre estudar os efeitos da força criativa vinda das profundezas do desconhecido. O solo árido sobre o qual a presente geração de homens se move, no final desta era de desordem espiritual e puramente de excessos materiais, tem necessidade de um presságio divino em seu horizonte, um arco-íris, como um símbolo de esperança. Por todos os séculos passados nosso século dezenove tem sido o mais criminoso. Ele é criminoso em seu egoísmo assustador; em seu ceticismo que torce a cara à própria ideia de qualquer coisa além do material; em sua estupida indiferença a tudo aquilo que não pertence a um eu pessoal, mais do que em qualquer dos outros séculos anteriores de barbárie ignorante e escuridão intelectual. Nosso século precisa ser salvo de si mesmo antes que chegue aquela hora final. Para todos aqueles que percebem a esterilidade e insensatez de uma existência cega pelo materialismo e ferozmente ficam indiferente ao destino do seu próximo, este é o momento de para agir; agora é a hora para devotarem todas as suas energias, toda a sua coragem e todos os seus esforços para uma grande reforma intelectual. Esta reforma só pode ser realizada pela teosofia e, permitam-nos acrescentar, pelo ocultismo ou a sabedoria do Oriente. Os caminhos que levam a ela são muitos; mas a sabedoria é uma só. Almas artísticas a anteveem, aquelas que sofrem e sonham com ela, o coração puro a conhece. Aqueles que trabalham pelos outros não podem permanecer cegos a essa realidade, embora eles nem sempre a possam reconhecer por seu nome. Apenas as mentes superficiais e vazias, zangões vãos e egotistas, confusos por seus próprios zumbidos, permanecerão ignorantes do ideal supremo. Eles continuarão a existir até que a vida para eles se torne um fardo penoso.

Deve ser relembrado claramente, contudo: estas páginas não são escritas para as massas. Nem são elas um apelo por reformas nem um esforço para conquistar para o nosso lado os afortunados na vida; elas são dirigidas unicamente para os que são constitucionalmente capazes de compreendê-las, aqueles que sofrem, aqueles que tem fome e sede de alguma realidade neste mundo de sombras chinesas. Quanto a esses, por que não deveriam eles se mostrar suficientemente corajosos ao ponto de abandonar suas ocupações mundanas frívolas, acima de tudo seus prazeres e até seus interesses pessoais, exceto quando aqueles interesses formam parte de seus deveres para com suas famílias e para com os outros? Ninguém é tão ocupado e tão pobre que não possa criar um ideal nobre e segui-lo. Por que então hesitar em abrir um caminho em direção a esse ideal através de todos os obstáculos, por sobre toda pedra de tropeço, por sobre cada obstáculo mesquinho da vida social, a fim de marchar em frente até que a meta seja atingida? Aqueles que fizerem esse esforço encontrarão em breve aquele 'portão estreito' e a 'estrada espinhosa' que conduzem aos amplos vales de horizonte sem limite, àquele estado onde não há mais morte, porque o indivíduo sente-se converter outra vez em um deus! É verdade que as primeiras condições exigidas para alcançar isso são uma absoluta ausência de desejo; uma devoção sem limites ao bem estar dos outros, uma completa indiferença ao mundo e às suas opiniões. A fim de dar os primeiros passos nesse caminho ideal, a motivação deve ser absolutamente pura; nem um único pensamento indigno deve atrair os olhos para longe da meta em vista, nenhuma duvida ou hesitação deve atar os seus pés. Realmente existem homens e mulheres completamente qualificados para isso, cujo único objetivo é residir sob a égide de sua natureza divina. Que eles, pelo menos, tenham a coragem de viver a vida e não a esconder dos olhos dos outros! A voz de ninguém mais deveria ser superior à voz da nossa própria consciência. Que esta consciência, portanto, desenvolvida ao seu mais elevado grau, guie-nos em todos os nossos atos rotineiros da vida. Quanto a condução da nossa vida interna, vamos concentrar nossa plena atenção no ideal que colocamos diante de nós e olhar além, sem prestar a menor atenção à lama debaixo dos nossos pés...

Aqueles que forem capazes de fazer esses esforços são os verdadeiros teósofos; todos os outros são nada mais que membros, mais ou menos indiferentes, muito frequentemente inúteis.

O Templo Iluminado

Vicente Fiumano[14]

Considerações preliminares

É indispensável que cada estudante ou aspirante à vida interior compreenda, de maneira contundente (definitiva, sem opinião nem dúvida), que não pode existir outro meio, outra meta, outro objetivo melhor do que o ganho efetivo e real resultante do contato com o anjo solar, *atma*,[15] ou ego [superior], na primeira etapa evolutiva e, posteriormente, na comunhão ou unidade com essa entidade espiritual, cuja morada ou base se encontra no coração[16] de cada ser humano, saiba ele e reconheça isso ou não.

No presente ciclo de evolução em que nos encontramos envolvidos (a quinta sub-raça da quinta raça-raiz, da quarta ronda, da quarta cadeia de evolução), a personagem ou entidade de maior responsabilidade com cada ser humano é o ego que consta dos ensinamentos teosóficos. Com efeito, é pela ação desse ego que se faz possível o processo de desenvolvimento, em conjunto com aqueles que coordenam o processo da reencarnação e regem os carmas das nações e de cada indivíduo. É o ego que regula o momento e o processo de gestação e nascimento de cada ser humano e, também, a duração de cada encarnação. O processo da morte do corpo

---

[14] Artigo original produzido em 29/01/2014. O autor, Vicente Fiumano, é membro da Sociedade Teosófica na Argentina.

[15] *Atma*, ou alma humana, é aqui mencionada na concepção esotérica (tradição hindu e escolas espirituais, como a sankhya e a vedanta) e não como sétimo princípio da teosofia. (Ver Anjo Solar, em *A Doutrina Secreta*, Vol. III, p. 102, Editora Pensamento).

[16] Ou melhor, no chacra cardíaco.

físico ocorre quando o anjo solar deixa de se relacionar com o chacra cardíaco, pois é este que regula a atividade do coração fisiológico, e, ao cessar esta atividade, ocorre a morte efetiva e irreversível. Observe-se que o corpo pode prescindir do cérebro e, mesmo assim, seguir vivendo. A verdadeira morte fisiológica tem lugar com o cessar da atividade do coração.

Nos diferentes ambientes teosóficos em todo o mundo, inclusive em Adyar, desenvolveu-se uma confusão extraordinária entre as etapas de desenvolvimento superior de responsabilidade da mônada e as iniciais de responsabilidade do anjo solar ou ego:

> a) até o completo desenvolvimento que conduz à terceira iniciação, a responsabilidade total do processo é de responsabilidade do anjo solar;
> b) a mônada entra em ação durante o processo logo após o recebimento da terceira iniciação; ela não pode intervir antes por razões exclusivamente técnicas relativas ao fator energia do primeiro raio, o qual a mônada encarna e representa;
> c) até a quarta iniciação, as supremas entidades responsáveis pelo desenvolvimento humano, o anjo solar e a mônada, assistem a este desenvolvimento;
> d) durante o processo iniciático da quarta iniciação, o anjo solar se retira definitivamente da evolução humana;
> e) a partir desse momento, todo o processo, permanece a cargo da mônada e na mônada;
> f) Não mais atua a lei da reencarnação na direção do mundo da forma; a personalidade já foi desenvolvida; a consciência foi estabelecida; o 'eu inferior' foi conduzido à sua individualização dévica.
> g) A mônada tem o poder de 'materializar' um instrumento de manifestação, caso necessite realizar algum tipo especial de atividade no mundo físico.
> h) Pode-se encontrar nos evangelhos algumas indicações no relato da vida de Cristo, nas quais, em várias oportunidades, ele aparecia e desaparecia por alguns instantes; também o famoso Conde de Saint Germain fazia o mesmo nas diversas cortes europeias.

O anjo solar, ou ego, é amplamente reconhecido em todas as tradições do mundo, conforme os seguintes testemunhos:

– Na mais antiga Escola de Sabedoria há varias denominações:

1) os divinos manasaputras;
2) os filhos da mente;
3) aqueles que proporcionaram a mente ao homem;
4) os anjos solares;
5) o ego no corpo causal.

– Na mais antiga tradição histórica, a hindu, ele é aceito e reconhecido por todas as escolas espirituais, inclusive a sankhya e a vedanta, sob o conceito de *atman*.

– No Bhagavad Gita o próprio Sr. Krishna se apresenta como tal: "... Estou presente em todos os corações".[17]

– No budismo, o encontramos sob as denominações:

1) a natureza de Buda,
2) o Buda em Buda.

– No Dhamapada – um clássico do budismo – ele aparece como o Eu: "O Eu é o Senhor do Eu".

– Na doutrina dos magos iraniana, o masdeísmo o figura como *fravassi*, "o que espera no outro extremo da ponte..."

– O Egito o representa pela ave fênix, símbolo da imortalidade, 'a qual sempre ressuscita de suas próprias cinzas'.

– Na tradição mística da Grécia, era 'o divino Prometeu', que roubou o fogo dos deuses para dá-lo ao homem.

– No idioma do Antigo Testamento mosaico era a mulher, símbolo mal interpretado pelos tradutores obedientes às autoridades eclesiásticas.

– Na posterior cabala é retratada como *Shekinah* (a Mulher).

– Durante o batismo de Jesus aparece 'descendo' como pomba.

– No cristianismo desenvolvido pelos apóstolos em conjunto com Paulo, é o Espírito Santo, que desce como 'línguas de fogo' durante Pentecostes. Antes se apresentava aos profetas como o 'anjo de Jeová'. O cristianismo romano o conver-

[17] BG XV, 15 (N.T.).

teu em uma figura infantil para crianças, 'o anjo da guarda'.

É H.P.B., ao longo de *A Doutrina Secreta*[18] e nas páginas de sua revista *Lúcifer*, que revela o esplendor e a importância que tem o ego ou anjo solar na constituição humana e o seu papel diretor e iluminador por excelência.

H.P.B. profetizou que durante o século XX apareceria um discípulo mais preparado, o qual proporcionaria a chave psicológica da D.S., e foi em 1925 que apareceu o '*Tratado sobre o Fogo Cósmico*', escrito por A.A.B.[19] e inspirado pelo Mestre D.K.[20] É nessa obra que se encontra a fundamentação a respeito da natureza e as funções do anjo solar.

O estudante que deseja aprofundar o tema sobre anjo solar ou ego encontrará na D.S. de H.P.B. e no *Tratado Sobre o Fogo Cósmico* de A.A.B. os melhores esclarecimentos.

Existe ainda um texto posterior do teósofo espanhol Vicente Belthan Auglada, com o título '*Los Angeles Solares y la Humanidad*', que acrescenta seu aporte sobre esse assunto.

Dentro da literatura sagrada da Índia é necessário recorrer-se aos *Upanishades* para o estudo do tema sobre *atma*; O *Bhagavad Gita*, o *Ashtavrakra Gita* – O *Atmabodha* de Sankaracharya – e mais contemporâneo a nós, toda a obra de Sri Aurobindo, com forte ênfase na conquista da natureza '*supra mental*' e sua descida à vida diária. As limitações de Aurobindo são devidas a ele não ter tido méritos para poder reconhecer o valor da teosofia, o que também aconteceu com Gandhi.

No âmbito do budismo existem expressivas alusões ao tema no *Dhamapada* e nos *Diálogos Maiores de Buda*.

No cristianismo pode-se afirmar que o relato da vida e ditos de Jesus descreve a vida do ego por excelência. (Possivelmente abordaremos este importante tema em outro artigo).

Nas epistolas paulinas encontramos uma clareza meridiana sobre esse tema, sendo as mesmas consideradas como uma das maiores revelações feitas à humanidade. Apesar disso, mesmo depois de decorridos dois mil anos, tal revelação

---

[18] Ver, p. ex., Estância IV da Antropogênese – Criação das Primeiras Raças, DS, vol. II. pág. 88, edição inglesa e pág. 102, Vol. III, Editora Pensamento (N.T.).
[19] Alice Ann Bailey. (N.T.)
[20] Mestre Djwhall Khul. (N.T.)

ainda não foi devidamente valorizada nem compreendida, pois muito possivelmente, então, se acabaria com o imenso negócio das religiões e o clientelismo eclesiástico. O texto dessa revelação é o seguinte:

O mistério que esteve oculto desde os séculos e desde as gerações, mas que agora foi manifestado aos seus santos a quem Deus quis dar a conhecer entre os gentios as riquezas da glória deste mistério, que é Cristo em vós, a esperança da glória. (Colossenses I; 26-27)

Não sabeis que sois um templo de Deus e que o Espírito de Deus habita em vós? (1 Coríntios; 16)

Nestes dois fragmentos repousa toda a força do verdadeiro cristianismo.

Não desejo terminar esta seção sem mencionar a importância de alguns textos recentes, ainda que de conteúdo antigo em suas redações iniciais. Eles são *Luz no Caminho*,[21] de Mabel Collins, e *A Voz do Silêncio*, devido a H.P.B. Em ambos, o estudante encontrará tesouros de inspiração sobre o tema anjo solar ou ego.

Investigando esse tema com o propósito do próprio esclarecimento pessoal, percebi a imensa lacuna de compreensão existente a respeito desse assunto na atualidade institucional da Sociedade Teosófica e a sua fundamental importância no campo da autorrealização.

O Caminho para o anjo solar

"Para o prudente, o Caminho da Vida leva para o alto." (Provérbios 15:24).

Quando uma pessoa busca o "como" para elevar-se à consciência do anjo solar, descobre que existe um único caminho e que este caminho é a meditação.

Nos contextos religiosos populares se prescreve a oração, como uma prática 'suave' que a longo prazo 'prepara' o terreno para a mais exigente prática da meditação.

Na observância da meditação, cada pessoa se constitui na sua própria igreja, ou templo, seu próprio altar, seu próprio sacerdote e sua própria meta.

---

[21] Abordado no artigo do autor "O Contato com o Guerreiro Interior".

Na etapa da meditação, cada um inicia o caminho de retorno ao lar, ao reino do anjo solar.

Em todas as tradições do mundo existem testemunhos de um exílio e de um êxodo.

No hinduísmo encontramos a dupla corrente do *prakriti marga* (matéria e caminho) e *nirvriti marga* (nirvana e caminho).

Na primeira etapa do caminho de involução – o caminho da matéria – desenvolvemos a instrumentação da personalidade, incluindo o corpo físico. No caminho da evolução, o *nirvriti*, ou caminho para o nirvana, desenvolvemos a consciência.

Não nos constituímos seres humanos devido à forma, mas porque dispomos de consciência que advém ao ser humano por ocasião da individualização, mediante a qual o anjo solar, ou ego, se integra à personalidade, proporcionando-lhe *manas,* ou mente – sem a qual não haveria nenhuma possibilidade de dispor de algum fator de consciência. Nos reinos de vida pré-humanos há somente 'consciência instintiva', porque não há o fator mental que nos eleva além do instinto, infiltrando-se na dimensão do intelecto. Observe-se como o 'i" relaciona-se com o desenvolvimento interno – instinto, intelecto, intuição – sempre há um nível de "i" superior a alcançar, uma nova possibilidade, sempre à frente e acima.

É graças ao sacrifício do anjo solar que dispomos de mente e consciência, e é ele quem nos eleva ao terreno da intuição, uma das mais formidáveis faculdades de *buddhi*.

Manas nos coloca acima do instinto; *buddhi* nos conduz além da mente.

Todo esse desenvolvimento tem lugar aplicando-se o programa de autorrealização, no qual a meditação constitui o principal fator pelo qual 'o templo se ilumina'.

Ao começarmos a meditar, iniciamos a senda do retorno. Antes, todos os nossos esforços estão dirigidos para a conquista do 'mundo exterior'. Meditando, começamos a grande tarefa do conhecimento e conquista dos mundos interiores.

A quem é solicitado pelo autor dos *Upanishades*:

> Do irreal, conduze-me ao real!

Das trevas, conduze-me à luz!
Da morte, conduze-me à imortalidade!

É a *atma* a quem se invoca – o ego no corpo causal – pois todos os sistemas do mundo não vão além do mundo do ego. A fase posterior do 'programa' está a cargo da mônada. Uma das grandes contribuições para o mundo foi o advento e a fundação da S.T.

O programa antigo somente abrangia até o desenvolvimento do estado *arhat*, na quarta iniciação – ou seja, a saída do mundo da forma nos 18 subplanos inferiores[22] do sistema a que pertencemos – ou, segundo a nomenclatura bramânico-budista, o acesso ao nirvana.

A entrada prática e definitiva no exercício objetivo da meditação constitui o verdadeiro fator de conversão em que se dá na direção de Cristo – o ego.

Não é verdade que quando começamos a meditar descobrimos o verdadeiro significado de "estar atento a observar"? Que aos poucos descobrimos quem somos? Basta sentarmos e fecharmos os olhos para sabermos quão pouca coisa somos e quão pouco sabemos e podemos! Começamos como crianças, mas ao final dessa etapa nos descobrimos deuses. É possível recordar Platão nos dizendo: "Sois deuses, mas o haveis esquecido". Ou o seu eco na tradição hebraica: "Sois deuses, mas morrereis como homens".

Mas isso não constitui o início e sim o final da meditação, ainda que seja muito bom saber que é a isso que estamos nos dirigindo. Esse é o mais são e legítimo atrativo para prosseguirmos. Sempre é bom recordar que quando as dificuldades aumentam e nos convidam para desistir, quando cremos que nos será impossível seguir em frente, o importante é prosseguir apesar de tudo, especialmente em termos de ausência de resultados desejados.

O melhor remédio em tempos de crises e desânimo é a confiança no programa e no método. Se isso lhe falta é porque você começou 'antes do tempo'. Reflita, estude, aprofunde seus conhecimentos e, não obstante tudo, siga adiante! Pois 'não há outro caminho a andar'.

Estudo – purificação – meditação: o necessário é que ca-

[22] Sete subplanos do plano físico, sete do astral e quatro do mental inferior.

minhem complementarmente juntos. Constituem um círculo virtuoso e se nutrem mutuamente; o progresso de um deles enriquece as funções e a prática dos outros dois.

Em geral, antes de penetrarmos em algum tipo de observância sistemática, mesmo já tendo alguns anos de estudo de teosofia, possuímos um conceito bastante otimista no tocante às nossas possibilidades e ao nosso estado. As tendências correntes consistem em ver-nos mais como alguém que gostaríamos de ser do que como na realidade somos. Esse ajuste entre o que somos e o que desejaríamos ser pode ser traumático e penoso psicologicamente. Se amarmos a verdade, aceitaremos e prosseguiremos. Se surge o desânimo e a autodecepção é sinal de que o "eu" está para vencer mais um batalha. Descobrir que não somos o que acreditávamos ser é parte do verdadeiro progresso, a disciplina ofereceu seus nobres frutos... Significa que o templo começa a iluminar-se.

O verdadeiro progresso nas primeiras etapas é, aos "olhos do eu", desagradável e penoso. Não se deixe enganar; a psicologia do "eu" é dualista: *'gosto'*, *'não gosto'; 'me convém', 'não me convém'* – o "eu" se afeta tanto pelo êxito como pelo fracasso. Em nosso trabalho não progredimos aplicando a psicologia do "eu"; porém, todo o trabalho consiste em trocarmos tal procedimento e aprendermos a empregar a psicologia do eu superior, o anjo solar. Esta psicologia não está baseada em prêmios e castigos, amarguras ou autoexaltação... Está constantemente baseada no amor e na correta compreensão. Disponhamos nossos ânimos para acompanhar o processo com sabedoria, paciência constante e confiança no sistema. A disciplina nos revela – nos desnuda, nos permite ver 'como somos'... Você se assustaria? Se fossemos perfeitos não necessitaríamos disciplina alguma! É devido às nossas carências e fraquezas que 'a disciplina' nos serve de ajuda. Somos o que somos – somos como somos... É aí que começa o trabalho para se avançar. Justificar-se, irritar-se, desanimar-se, tudo isso é 'lixo', psicologia do "eu".

Em nosso caminho, a tartaruga chega antes da lebre – o crescimento lento e constante é mais seguro, pois não teremos que 'andar para trás'. Nós faremos menos dano e mal para os outros.

Desconfiem quando as coisas acontecem placidamente. Quando nada ocorre, não é um bom sinal. É tempo de observar o que eu estou fazendo e como. Quando nada perturba o 'fundo do copo' não sabemos que sujeiras permanecem em seu fundo. Conformamo-nos em lavar o copo apenas por fora? Quanto mais cuidarmos da limpeza do copo por fora e em seu interior, mais cedo e com maior intensidade brilhará a luz no templo. Você recorda a enérgica limpeza do templo realizada por Jesus? Quando abundam os '*mercadores*' de futilidades, mais difícil se torna para meditar... Você recorda as palavras que ele pronunciou naquela ocasião?

"Minha casa será chamada casa de oração. Vós, porém, fazeis dela um covil de ladrões" (Mt 21:13).

Começamos o trabalho com o templo cheio de ladrões... o concluiremos quando conseguirmos transformá-lo em casa de oração – de meditação. Então, o contato com o guerreiro será possível e o templo se tornará iluminado

É possível que, durante a meditação, você obtenha um grande afluxo de ideias ou experimente um momento muito especial. Preserve-se de atribuir a si mesmo os méritos, pois tal ocorreu porque você 'foi visitado'. A presença intercedeu e 'isso' aconteceu... Você sem saber, ofereceu-lhe o templo sem o "eu", e o 'vazio' foi preenchido por ele. A plenitude preencheu o vazio. O mestre fez a sua parte, ficando o templo fecundado e iluminado.

Sabe qual é a atitude para alcançar um modo estável? É conseguindo tudo quando se atua voluntariamente com ardor – querendo e buscando realizar. A disciplina, o serviço, a profissão – tudo é sagrado! Você é o sol de seu pequeno universo!

Torne-se um amigo do silêncio interior: desfrute-o, conviva com ele, busque-o! Porque buscando o silêncio e estando bem com ele, é como se cala a multidão de vozes. É no silêncio que o contato acontece. Isso produz a luz que ilumina o templo.

Todos os templos apresentam seu interior adequado para o homem em estado de meditação: penumbra, segurança, expectativa, cavernas, grutas e as colossais catedrais góticas com seus vitrais coloridos, representando distintos momentos da aura e meditação – o brilho dos círios, as luzes das lâmpadas, as arandelas, o altar, o *sancto sanctorum*, toda uma bela síntese da constituição humana. Tem aí a presença de uma preparação coletiva, vida após vida até seu amadurecimento pessoal, até poder trabalhar em seu próprio templo, o templo vivo do Espírito Santo. Que bonita expressão sobre o anjo solar! Mas antes aprenderá que:

"O Deus, que fez o mundo e tudo o que nele existe, sendo o Senhor do céu e da terra, não habita em templos feitos por mãos humanas." (Atos 17:24).

Respeitar o templo – dignificá-lo, mantê-lo limpo por dentro e por fora, intensificando a tônica vibratória. Quão poucos compreendem a disciplina dos '*tapas*'![23] Nem sequer se fala nela! Como iluminar-se sem ela? Como aumentar-se seu vigor, como multiplicar nossas forças para poder produzir e assumir mais?

Quão intensa é a sua aspiração? Com quanta energia você pressiona para 'o alto' e segue alimentando a vida de desejos? Você continua sendo arrastado por mil coisas do mundo exterior? Saiba que esse inferno continuará até que sua aspiração se volte em todo o seu potencial emocional "para as coisas superiores". Você restaura suas vidas astrais somente introduzindo qualidade aos seus desejos. Você então disporá de um magnetismo que atrairá tudo de bom; será como um oásis no meio do deserto. Isso também atrairá aquela luz que ilumina o templo.

Existe um ponto sobre o qual raramente se fala. Refere-se à necessidade de que – antes de fazer algo – cada estudante realize uma avaliação honesta e rigorosa de si mesmo, destinada a obter uma clara noção sobre o lugar em que se encontra na 'senda': O que vai fazer? Com o que vai começar? Se o que realiza algo consigo é em vão; se atua além de seu poder, se causa algum dano... A menos que saiba qual é a sua necessidade mais urgente ou a sua possibilidade imediata não realizará o que é melhor e não fará um progresso legítimo. Necessita primeiro compensar sua vida emocional ou sua imediata

[23] Tapas – um dos elementos do yoga preliminar (*krya yoga*), significando austeridade. Também significa meditação, penitência, jejum etc.

necessidade que está em seu corpo mental? Se acrescentar algo inadequado incorre em um determinado sobre-estímulo ou no enfraquecimento em outro. A menos que faça aquilo que necessita e deva fazer, promoverá mais problemas aos que já possui. Assisti muitos marcarem passo sobre o mesmo ponto, satisfeitos de si mesmos e de aí permanecer... Fazer o mesmo durante 20, 50 ou 70 anos não permite que se espere outro resultado que não seja o automatismo, a cristalização e a perda de perspectiva.

Ensina-se que a Iluminação é progressiva e que ocorre em sete etapas. Nossa responsabilidade consiste em preparar 'o terreno', construir ou ativar a condição interna por cujo meio o templo é iluminado. O trabalho interno deve avançar e progredir além da simples concentração – essa apenas nos isola dos conteúdos que ainda não foram expurgados; é necessário que a consciência possa se afirmar na contemplação – é nesse constante contemplar na raiz de nossa consciência que se encontra a porta por onde penetra a luz e o amor de nossa íntima identidade. Esse estado deve ser conquistado além do tempo de um simples recolhimento matinal. Deve permanecer todo o resto do dia; a inspiração chega de surpresa, não obedece a períodos fixos; se estivermos distraídos, descuidados, passa ao largo... Um único segundo de vislumbre direto rende mais de que um ano de estudo contínuo. Afora isso, não se pode comparar com nada alheio ou exterior; é nosso tesouro, nossa pérola, nossa recompensa, florescimento e frutificação.

Que todos possam experimentar o imenso prazer de ver o templo iluminado!

Uma Ioga de Luz[24]

Geoffrey Hodson

Voluntariamente aprisionado
dentro de vós,
como luz,
existe um poder onipotente.
Libertai-o!
Deixai a luz brilhar!

O Uno está no coração do cosmos. Este Uno tem o seu santuário e altar no coração de cada ser humano. Em consciência, a primeira grande descoberta do homem é a desta Divina Presença dentro de si, a "do Imortal governante interno, localizado nos corações de todos os seres" (Bhagavad Gita). É baseado nisso que o homem consegue a identidade com o Único, a completa absorção consciente – "tal como água na água, espaço no espaço, luz na luz" (*Atma-Bodha*, Shankaracharya) – sempre no eterno e incriado Todo. Essa é a última meta do homem. A meditação metódica e sabiamente dirigida pode acelerar sua consecução.

O primeiro objetivo na meditação é descobrir a nossa própria seidade espiritual, diferençada dos veículos pessoais (físico, emocional e mental), e a consciência que atua dentro destes veículos. As pessoas dotadas de certo temperamento – outras há que não conseguem resultado com este método – iniciam, portanto, com um exercício de dissociação por meio do qual procuram tanto compreender a distinção entre o ego imortal e os seus veículos mortais e pessoais, como também

[24] Serviço de Divulgação do Livro Teosófico 1963 – São Paulo. Traduzido por Mário A. Costa.

conhecer o eu espiritual. Conhecer o conhecedor pode parecer impossível para a mente analítica. Entretanto, o aparente paradoxo, pode ser esclarecido no nível da inteligência sintetizante e intuitiva do homem – a sua mente profética – para a qual, por meio da meditação, o centro de consciência é deliberadamente conduzido.

O segundo objetivo é o de sentir que o eu espiritual do homem sempre é uma parte integral do eu espiritual do universo, do Senhor Supremo em tudo imanente, o Logos Solar. O homem é um com Deus e, através Dele, com tudo o que vive. O espírito-homem e o espírito-deus são um só espírito. Conhecer essa verdade das verdades transforma a nossa vida.

As duas descobertas, que são a da divindade dentro de nós e a da sua unidade com a divindade em tudo, constituem experiências de consciência, e o uso positivo da imaginação criadora durante a meditação pode ajudar-nos a adquirir essas experiências. A prática da dissociação é, pois, seguida por afirmações da unidade do homem com Deus. Estas afirmações podem levar o devoto à contemplação silenciosa e a uma sensação mais profunda de unidade com a toda-imanente e transcendente deidade, o inominável e impessoal Ser Único.

A realização espiritual por um homem facilita e aproxima a mesma realização por todos os homens. A compreensão desse fato explica parte da finalidade da ioga. O futuro iogue, entrementes, também é insistentemente impulsionado no seu interior e, para ele ou ela, "não existe qualquer outra senda a trilhar". (Shvetashvatara Upanishad, VI, 15).

Este folheto é oferecido como um guia preliminar – finalmente cada um encontra o seu próprio caminho – a aqueles que se sentem assim inclinados e que procuram um exercício sistemático de consciência baseado num método eficiente e seguro.

Um Método de Meditação Pessoal e Coletivo

A meditação coletiva, com pausas apropriadas, é dirigida por um líder, como segue.

Preparação

- O corpo relaxado.
- As emoções harmonizadas.

- A mente atenta e plena de vontade.
- O centro da consciência focalizado no eu superior, a alma espiritual, o ego imortal.

Dissociação

Afirme e realize mentalmente:
- Eu não sou o corpo físico. Eu sou o eu espiritual.
- Eu não sou as emoções. Eu sou o eu espiritual.
- Eu não sou a mente. Eu sou o eu espiritual.

Meditação

- Eu sou o eu divino (pense na mônada).
- Imortal
- Eterno.
- Radiante de luz espiritual
- Eu sou esse eu de luz, esse eu sou eu.
- O eu em mim, o *Atma*, é uno com o eu em tudo, o *Paramatma*.[25]
- Eu sou esse eu em tudo; esse eu sou eu.
- O *Atma* e o *Paramatma* são um.
- Eu sou ele. Ele é eu.

Encerramento

- Tome seu centro de percepção.
- A mente formal, iluminada e responsiva à intuição.
- As emoções, radiantes de luz espiritual.
- O corpo, fortalecido pela vontade espiritual, internamente vitalizado, e autocentrado durante o dia na lembrança da divina presença em seu coração, do imortal governante interno localizado no coração de todos os seres.
- Relaxe a mente e permita que o efeito revigorante da meditação se estenda a todas as outras atividades do dia.

O mesmo processo se deve seguir na meditação privada, pessoal.

Comentário sobre a meditação

Visa-se dois objetivos na meditação:

[25] *Paramatma*, sânsc. A essência-espírito do universo, sua inteligência governante, o Logos Solar, o nosso Deus.

I – A consciência do ego.

II – A realização de unidade com o senhor supremo e vida do universo.

Este empreendimento é regido por certas leis fixas, as quais devem ser obedecidas, se se busca um sucesso integral. Fisicamente elas são:

- Isolamento e segurança contra intrusões estranhas.

- Relaxamento completo do corpo, sem o que a consciência não pode libertar-se inteiramente de enredar-se no cérebro físico e no corpo. Assim, deliberadamente, como exercício regular e habilidade ao mesmo tempo, cada nervo e cada músculo deverão estar completamente relaxados, e o corpo deverá estar em posição confortável e cômoda. O relaxamento é para a meditação o que o engranzamento dos primeiros dentes de um zíper é para o seu fechamento. Engranzados os dois primeiros dentes, o fecho correrá. Caso não se entrosem, o zíper nunca fechará. Similarmente, o relaxamento físico é essencial para o voo da alma.

- A respiração deverá ser diminuída a cerca de uma terça parte ou da metade do normal. Geralmente isto se torna automático com o prosseguimento da meditação.

- A postura durante a meditação deverá permitir que um fluxo adicional de kundalini,[26] e prana[27] possa fluir do sacro, através da medula espinhal, até o cérebro. Portanto, a espinha deverá ser conservada ereta e, exceto nas posturas orientais de ioga, as pernas e os braços não deverão ser cruzados. A posição egípcia[28] é muito conveniente aos ocidentais. Qualquer dor de cabeça, deverá ser interpretada como algum erro de técnica, que deverá ser corrigido antes de se prosseguir.

A natureza astral necessita ser harmoniosa e calma. Atritos, tensões e emoções discordantes também podem impedir o voo da alma e inibir a liberdade da consciência.

A mente deve estar alerta, e a vontade deve ser positiva, do contrário uma espécie de imaginação sonhadora pode ser confundida com a experiência espiritual, da qual é a antítese.

---

[26] *Kundalini* – sânsc. A criadora vida-fôrça, elétrica, localizada no sacro.

[27] *Prana* – sânsc. O alento vital do universo.

[28] Sentado em uma cadeira, com a coluna ereta e as pernas dobradas em ângulo reto e com os pés apoiados no chão.

Por estes meios a tríplice natureza pessoal é trazida a uma condição em que o aprisionamento da consciência é reduzido ao mínimo. A prática da preparação dos corpos se segue, pois, a da dissociação dos mesmos. Esta se faz como segue: Mas isso não basta, a consciência deve libertar-se deliberadamente.

"O centro de percepção deve estar estabelecido no eu superior, a alma espiritual, o ego imortal.

> "Afirme e realize mentalmente:
> "Eu não sou o corpo físico. Eu sou o eu espiritual.
> "Eu não sou as emoções. Eu sou o eu espiritual.
> "Eu não sou a mente. Eu sou o eu espiritual.

Neste ponto, na imaginação criadora, o centro de observação de percepção e de egotismo, é retirado do cérebro físico e focado no Ego.[29] Similarmente, também a consciência é retirada dos corpos emocional e mental e centrada no corpo causal.[30]

Mais tarde esse processo pode se tornar desnecessário.

A prática regular com plena ciência e determinação, permitindo à imaginação positiva ter completa atuação transferirá toda a concentração da percepção e da existência do homem mortal para o imortal, para o Ego no corpo causal.

Segue-se, então, uma tentativa de ascensão para a Mônada, aspirando alcançar a consciência *átmica*.

O líder continua:

"Eu sou o eu divino (*manas*),
imortal (*buddhi*),[31]
eterno." (*atma*)

Aqui o objetivo é a realização do Eu como pura vontade espiritual (atma).

Radiante de Luz Espiritual[32]

Será útil imaginar-se um centro de luz branca e pura, irradiando por todo o universo. Identificando-se em consciência

---

[29] Ego. A individualidade espiritual, indivisível.
[30] Corpo causal. O veiculo da consciência no nível mental abstrato.
[31] *Buddhi*. Sânsc. O Espirito-Vida do universo e do homem. A sabedoria intuitiva.
[32] A luz do Logos, *daví-prakriti*.

com esta luz o devoto afirma:

"Eu sou o ser de luz. Este ser sou eu".

A prática regular por esse método capacitará finalmente a se conseguir a transferência da consciência dos níveis físicos, emocional e mental para os mais elevados estados de percepção, mental, intuicional e puramente espiritual.

Realiza-se então o Eu como um radiante centro de luz espiritual, universal, concentrada num ponto de ardente intensidade, tal como aos raios solares pode ser focada uma lente num ponto de luz brilhante.

Segue-se, depois, o movimento da consciência para o segundo objetivo da meditação. Isto culmina na realização da unidade do eu espiritual como luz com a luz única, o Supremo e Onipotente Espírito do Universo.

A concentração e meditação no eu átmico imerge em absorta contemplação da união com o Paramãtma, o Transcendente e Imanente eu átmico de tudo.

O líder, portanto, continua:

"O eu em mim, o *atma*, é um com o eu em tudo, o *paramatma*".

Aqui, conforme o temperamento, a consciência é dirigida para a realização da identidade do *atma*, o eu-espírito no homem, com o *paramãtma*, o eu-espírito em toda a natureza. Pode-se também visualizar o coração espiritual do Sol e sentir-se uno com ele.

As palavras "o *atma* e o *paramatma* são um" constituem uma frase algo *mântrica*[33] a despeito de ser um misto de português e sânscrito. É uma sentença de poder que define o auge da consecução humana em consciência, e que é a completa realização de unidade e identidade com o Ser Uno em Tudo.

Consequentemente, a afirmação final é: "Eu sou aquilo. aquilo eu sou".

O senso de separada personalidade finalmente desaparece. Como término restará somente um prolongado e liberto pensamento de identidade com Deus.

Depois dos estágios preliminares da ioga, a mente formal

[33] *Mantra* – sânsc. Palavra ou sentença de poder.

é aquietada e daí em diante mantida "naquela fixidez mental dentro da qual nenhuma brisa pode soprar de pensamento mundano". O pensamento cessa. A imobilidade penetra em toda a natureza, que pode ficar saturada de paz, mesmo que nos mais elevados e mais espirituais níveis da percepção humana se sinta uma imensa expansão e um poder dinâmico.

Então, durante o tempo de que se puder dispor, deve-se permanecer na espontânea contemplação mental da unidade com Deus e, por meio Dele ou Daquilo, com o eu-espírito em tudo o que vive.

O retorno à percepção física.

Quando, finalmente, se tiver de cessar a meditação, é importante voltar à consciência cerebral pelo mesmo caminho seguido na jornada ascensional. Uma das razões é que os canais entre o eu inferior e o eu superior estão sendo abertos pelo esforço concentrado, e devem ser usados tanto na ascensão como no retorno da consciência. Desta maneira são dilatados e ao mesmo tempo mantidos abertos.

Outra razão para retornar através dos corpos mental e emocional, é por ser grandemente desejável inocular nos veículos pessoais todos os frutos da experiência espiritual, e com isso iluminando-os, purificando-os e acelerando a sua evolução. Esse é o terceiro objetivo da meditação, ou seja, acelerar a evolução dos corpos mental, emocional e físico, por meio de uma poderosa "descida"[34] de força e experiência espirituais.

O centro de percepção

É importante descobrir-se o centro de percepção e o nível em que ele opera, como também ser-se capaz de colocá-lo à vontade em qualquer um dos veículos. Se determinado trabalho requer operação desde o nível mental, deve-se estar capacitado para funcionar ali. Se houver necessidade de estar-se presente no plano e corpo astrais, deve-se, então, ser capaz de se focalizar neles. Este último geralmente o fazemos inconscientemente. Os interesses intelectivos colocam o centro de percepção na mente e no cérebro. As ocupações culturais, artísticas e recreativas focalizam-no automaticamente nas

[34] Somente em sentido diagramático, pois de fato ocorre uma emergência de dentro para fora.

emoções e no coração.

O êxito na meditação requer bom controle desta movimentação do nosso centro de vida e consciência. Portanto, este processo deve ser praticado deliberadamente e faz parte deste método de meditação. Ao concluir-se a prática da ioga, a percepção está fortemente centrada no corpo mental, em cujo interior se projeta poderosamente e a mente se abre para a intuição. Isto é possível porque os pensamentos são coisas. Aceleramos poderosamente a evolução dos nossos veículos pessoais para esta infusão e interpenetração deles com o Espírito-Força oriunda dos níveis aos quais procuramos ascender.

O líder, portanto, diz:

"Introduza o centro de percepção na mente formal, iluminada, e receptiva à intuição".

Depois de uma pausa conveniente, a instrução, então, é

"Nas emoções, irradiadas pela luz espiritual":

Por um forte esforço de vontade um raio de puro e branco fogo átmico é atraído para trespassar o corpo estral como uma lança. Tal espiritualização do corpo astral faz que suas partículas mais grosseiras e os estados emocionais indesejáveis sejam eliminados pelas forças espirituais mais poderosas. Isso é parte do significado de alegorias tais como a de São Jorge matando o dragão com a sua lança e Shri Krishna vencendo kaliya, a serpente negra, e depois dançando sobre a sua cabeça, como, também, de todas as outras vitórias conquistadas pelos salvadores e heróis sobre répteis, conforme consta em outras escrituras do mundo. Essas histórias representam parcialmente fases de ioga, dramatizadas e simbolicamente descritas.

Depois, finalmente, a percepção é focalizada no corpo físico. Isso deverá ser feito bastante deliberadamente colocando o centro de consciência no meio da cabeça, onde normalmente reside. Os poderes do tríplice eu são então introduzidos no corpo, dizendo o Líder:

"No corpo, fortalecido pela vontade espiritual".

O fogo de *atma* é assim estabelecido no corpo como uma irresistível vontade-força, exequível na consciência de vigília.

"Internamente vitalizado".

Nessas palavras, a vida *búdica*, a vida una, o *prãna* espiritual, é visualizada como inundando e enchendo o corpo físico, que então pode ser imaginado como carregado com a sua vida e luz douradas, palpitantemente vivo, frequentemente com grande benefício para a saúde. A mente superior então controla a mente inferior, as emoções e o corpo. Esses devem estar:

"**Autorrecolhidos durante o dia**", isto é: calmos, equilibrados, atentos, radicados no Eterno. Para conseguir isso, as palavras e o pensamento finais serão:

"Recordando a divina presença no coração, o imortal governante interno entronizado no coração de todos os seres".

Esta presença é a mônada-ego, o eu espírito, presente não só em nosso coração, mas também no de todos os seres. Em si, esse exercício de autorrecolhimento é calmante e produz paz; conserva a consciência centralizada na realidade interior e nunca é completamente absorvida no mundo externo e transitório.

Não se deve interromper a meditação ou dela emergir de modo brusco, do contrário pode sobrevir um choque no sistema nervoso e um rápido alijamento e perda parcial da experiência interna. Isso deverá ser sempre evitado, convindo retrair-se gradualmente do estado meditativo antes de assumir as obrigações diárias. No desempenho dessas obrigações, a vida diária deverá pautar-se, tanto quanto possível, pelos ideais espirituais aceitos.

A fraternidade como uma via para a consciência desperta[35]

Trân-Thi-Kim-Diêu

Mais do que uma vez me foi dito que as pessoas que não pertencem à Sociedade Teosófica são bem mais fraternas do que aquelas que são membros da ST. Confesso que, todas as vezes, senti alívio. De fato, tendo a ST menos de trinta mil membros e, se se assumir que esses membros são mais ou menos fraternos, isso contra seis biliões de humanos, não podemos deixar de ficar muito felizes com a observação e esperar que seja mesmo assim. E há verdade nisso.

O núcleo de fraternidade a ser formado de acordo com o primeiro objetivo da Sociedade Teosófica está na realidade em formação. Estar em vias de formação significa que não está ainda totalmente formado...

Quando os objetivos da Sociedade foram estabelecidos, há mais de 130 anos, o primeiro objetivo consistia em 'formar um núcleo de fraternidade sem distinção de raça, credo, sexo, casta ou cor'. Houve uma altura, pelo menos em algumas seções, em que só o primeiro objetivo era exigido como condição que o candidato teria de aceitar. É perfeitamente óbvio que o primeiro objetivo seja o mais importante. De fato, imaginemos o segundo objetivo parcialmente realizado, produzindo eruditos 'medianos'; se o primeiro objetivo não for aplicado, esses ditos eruditos iniciarão lutas entre si apenas para promover o seu próprio ponto de vista. Isso aplica-se igualmente a pes-

[35] Extraído da revista portuguesa de teosofia *Osíris* n° 19 – maio-agosto 2010.

soas não cultas. E imaginemos igualmente o terceiro objetivo só parcialmente explorado e fazendo as delícias de todo o tipo de gurus baratos e de guias mediúnicos de baixa condição que continuam a enfeitiçar tantas mentes confusas.

Um membro da ST em particular ou qualquer outro ser humano em geral, que tenha atingido um certo nível de cultura e de compreensão, só poderá ver a fraternidade como uma necessidade. Na verdade, ela representa o objetivo principal da trilogia de objetivos da Sociedade. É a condição para:

- em primeiro lugar, viver em paz com o meio circundante e consigo próprio,
- em segundo lugar, descobrir algo mais amplo e mais profundo no campo da consciência, e
- em terceiro lugar, experienciar a verdade.

Consideremos esses três pontos. Em primeiro lugar, a fraternidade é uma necessidade pata se viver em paz com o meio circundante. Não podemos manter a separação entre amigos e inimigos. Temos de chegar a um ponto na mente em que essa distinção desapareça. Então quem é que está à minha frente, à vossa frente, se não são amigos nem inimigos? Apenas seres humanos a lutarem, a maior parte das vezes, pela sua sobrevivência, seres humanos muitas vezes apegados às suas posses, a esse pequeno pedaço a que chamam reconhecimento ou prestígio. Esses seres humanos sentem-se principal e inconscientemente ameaçados pelo pós-morte e semiconscientemente amedrontados pela morte. A morte é o terminal do comboio desta vida em que vós e eu viajamos e onde partilhamos a mesma sorte. Durante a viagem a caminho do terminal, os viajantes muitas vezes zangam-se por questões ínfimas. Quando se agrupam em famílias, clãs, tribos etc., as zangas transformam-se em guerras.

Pode-se observar muitos fenômenos como efeitos secundários da guerra. Por vezes os clãs acalmam-se, mas algumas facções, por causa de interesses pessoais, mantêm o clima de tensão de forma a dominarem a situação ou, pelo menos, a não perderem influência. Todos sabemos que, pelo mundo afora, algumas pessoas 'especiais' lucram sempre com a guerra. Mas o comboio continua a correr inexoravelmente em direção ao seu terminal. As famílias, os clãs, as facções acabarão por ser arrastadas. Alguns dirão, "Não importa! Consegui aquilo que queria" e, ao agirem, esquecem as consequências. Outros, de certo modo mais conscientes do facto de o comboio levar todos até ao final, não iniciarão um conflito. O risco continua para além desta vida. A próxima questão é como evitar o conflito.

O conflito tem início na nossa consciência antes de se exteriorizar. Isso implica que, para se estar em paz com o meio circundante, temos de estar em paz conosco próprios. Nenhum conflito, nenhuma atormentação, nenhuma autotortura... A paz interior não pode de forma alguma ser conseguida sem uma vida limpa e um coração puro, bem como sem alguma compreensão que acabará por levar, na altura própria, ao insight. Não há outro caminho a seguir. Penso que, embora não consigamos compreender isto totalmente, disso possamos ter alguma percepção.

Em segundo lugar, para se descobrir algo mais amplo e mais profundo no campo da consciência, a fraternidade é uma necessidade. É justamente por isso que a descoberta de algo mais amplo e mais profundo exige um campo unificado dentro da consciência, um estado em que nem sempre haja dicotomia entre um e o outro, entre isso e aquilo. Qualquer descoberta importante e de ordem essencial requer esse estado unificado de consciência em que a mente dualista é transcendida num todo indiviso. Este estado é denominado 'consciência desperta' ou 'inteligência em ação'. A consciência desperta somente poderá habitar numa mente serena. Por conseguinte, uma mente agitada vive num estado não inteligente. A descoberta de níveis mais profundos de consciência leva à inteligência ou ao *insight* capazes de oferecer indicações sobre a natureza da verdade.

Em terceiro lugar, a fraternidade é uma necessidade para se experienciar a verdade. A verdade é o objeto da pesquisa dos ocultistas. É a realidade para os cientistas e o supremo para os místicos, o objetivo último de todo o inquiridor genuíno. Para se investigar as leis não explicadas da natureza e os poderes latentes no homem, tal como é afirmado no terceiro objetivo, a fraternidade tem, até certo ponto, de ser concretizada, bem como feito algum estudo aprofundado. Abordar-se a verdade não significa explicá-la. Como é que se explica e veicula a verdade se, 'enquanto tal', ela é vazia? Qualquer tentativa para a explicar ou definir iria circunscrevê-la e provocar mais confusão...! Contudo, é inegável que experienciar a verdade pertence à vivência individual; todo o processo ocorre dentro da consciência do indivíduo. Portanto a experiência da verdade é necessariamente subjetiva. Mas, a subjetividade dessa experiência não pode ser assemelhada a nenhuma experiência de realidade virtual, na qual está envolvida grande parte da imaginação que a cria. A experiência da realidade ou verdade, apesar da sua subjetividade, é uma experiência real vivida pela consciência individual dentro da consciência unificada, sem intervenção da imaginação.

Assim, a fraternidade vista a partir do ângulo da atividade é uma necessidade. Vista do ângulo do intelecto é um estado de relacionamento natural onde ainda existe a distinção entre 'tu' e 'eu'. No entanto, o relacionamento não se deixa ensombrar, quer pelo fardo de hierarquias, quer pela obscuridade da inveja ou ainda por alguma confusão de funções. A fraternidade representa uma mente onde não existe ambição para o próprio e nenhuma expectativa em relação aos outros. Esse estado natural faz lembrar o estado de inocência descrito pelo filósofo taoísta Tchuang-Tzu que escreveu sobre o tempo 'quando a vida era plena não havia história'.

No tempo em que a vida na terra era plena ninguém prestava especial atenção aos homens com valor, nem fazia sobressair o homem com mais capacidades. Os governantes eram simplesmente os ramos mais altos da árvore, e os homens eram como veados nos bosques. Eram honestos e retos sem que se apercebessem de que 'estavam a cumprir o seu dever'. Amavam-se entre si e não sabiam que isso era 'amor ao próximo'. Não enganavam ninguém, contudo não sabiam que eram 'pessoas em quem se podia confiar'. Eram de confiança e não sabiam que isso era 'boa-fé'. Viviam juntos livremente dando e recebendo e não sabiam que eram generosos.

Essa a razão por que as suas ações não foram narradas. Não fizeram história.[36]

Infelizmente, a história passou a ser escrita desde então. Onde se encontra agora a frescura da inocência? A honra perdeu-se. O que se pode fazer? Tentar formar um núcleo de fraternidade! É o que estamos a tentar fazer, não é?

É evidente que quando a vida 'era plena' (significando que não havia divisão) e se desenrolava sem ego (o que significa, de acordo com o Tao, a via do céu ou o divino), não havia necessidade de se levantar a questão da virtude. Quando se perde o Tao aparece a virtude. De igual modo, quando a inocência é perdida, surge a fraternidade; quando a fraternidade se perde surge a noção de justiça, lealdade etc. A fraternidade origina-se desse estado de inocência em que o amor ainda não caiu na corrupção de ser nomeado, mas que surge espontaneamente nos cuidados e no serviço. Se o serviço fosse entendido não como estando ao serviço do egoísmo da humanidade, a fraternidade não seria vivida como um privilégio recebido e conferido a uma população limitada, um clã, uma família, uma etnia etc.

Se a fraternidade for o caminho para a consciência desperta, este caminho deverá precisamente traçar a via de regresso a essa inocência original em que não existe luta interior capaz de produzir conflito exterior. Esse estado de inocência exalta a ética universal que não é, em definitivo, nem moralidade nem assunto a ser codificado.

Então, sendo mais do que uma necessidade para a paz de espírito, para uma consciência mais abarcante e para experienciar a verdade, e mais do que o primogénito natural nascido da inocência, a fraternidade representa a dinâmica do relacionamento. Exploremos um pouco mais essa observação.

Todos estamos de acordo com o fato de a vida ser uma rede de relacionamentos. Estar relacionado implica geralmente estar-se envolvido nalguma forma de parentesco, de amizade ou de conhecimento pessoal. Mas que tipo de relacionamento se tem com o homem da rua? Ele e eu partilhamos a mesma humanidade. Ambos viajamos, como anteriormen-

[36] *The Way of Chuang-Tzu*, traduzido por Thomas Merton, p.114/115.

te se disse, no mesmo comboio em direção ao fim, à morte. Todos partilhamos o destino coletivo de todas as criaturas, o que inclui a raça humana. Parentes e amigos têm mais pormenores a partilhar como as suas profissões, crenças e talvez mesmo as suas idiossincrasias. Mas é tudo? Tem de se acrescentar um fator especial, a solidariedade, a solidariedade de ser humano. A solidariedade tem um significado muito mais profundo do que simplesmente dar de comer aos pobres e/ou auxiliar pessoas necessitadas. A solidariedade implica respeitar a dignidade dos outros e, ao fazê-lo, respeitar a sua própria dignidade e vice-versa.

E ainda mais do que isso. Quando encontramos alguém, o que predomina na mente de cada um? Encontramo-lo com uma mente preconceituosa? Trata-se de um amigo? Sim, absolutamente, ele pagou as minhas despesas. Não está do meu 'lado'? Certamente que não, pois nunca deixou de tagarelar sobre mim. É um idiota; magoou-me etc. Krishnamurti salienta que, a maior parte das vezes, na realidade não vamos realmente ao encontro do outro. O dito encontro não é mais do que uma justaposição de imagens, de realidades virtuais, dos respectivos egos, por vezes chocando-se entre si, por vezes elogiando-se mutuamente, para se contornarem dificuldades ou para se conseguirem recompensas, de acordo com a esperança ou expectativa de cada um. Será que existe algo de genuíno no relacionamento ou apenas queremos uma aproximação? A fraternidade não pode ser vivida sem uma consciência desperta – a consciência desperta de ser genuíno para consigo próprio, de ser reto, honesto para consigo mesmo e para com os outros. Essa integridade pode ser sentida a par do movimento de motivações escondidas que estão sob controlo e bem visíveis. A integridade deve ser vivida pelo próprio, por si mesma, e não por qualquer reputação ou recompensa moral/material, porque a vida cumprida na sua completude e expressão última é incorruptível.

Então, a fraternidade é uma via para a consciência desperta? Ou antes, não será a consciência desperta uma via para a fraternidade e para outros estados de consciência? A consciência desperta parece ser a base das virtudes. Porque não somos fraternos? Não será porque todo o gênero de motivações mascaram a visão interior de modo que somente o propósito imediato é identificado no âmbito da consciência? Quantas vezes não conseguimos estar conscientes do nosso próprio estado de consciência?

A fronteira entre a capacidade na ação, como yoga, e a hipocrisia é muito tênue, tão tênue como a fronteira entre a esperteza não inteligente e a loucura. Sem consciência desperta e sem integridade, essas fronteiras poderão ser ignoradas inconsciente ou conscientemente.

No seu discurso em Ommen, na Holanda, antes da bem conhecida *A verdade é uma Terra sem Caminhos*, Krishnamurti exortou a audiência:

> ... Falo daquele eu de que todas as coisas dependem e do qual todas as transformações surgem. Esse eu está em toda a gente e digo que, se quiserdes essa glória, essa força, que é libertação, que é verdade, deveis olhar para esse eu e pôr todo o resto de lado ...[37]

Olhar para esse eu e pôr todo o resto de lado leva a que se tenha uma visão real da situação, das pessoas e de si próprio – é o todo. Para se ser mais preciso, dever-se-ia dizer que a visão do todo, do eu, leva à percepção das situações, das pessoas e do relacionamento. Esta percepção dá vida ao relacionamento, bem como um sabor de frescura e de inocência. Do lado interno das coisas significa que a pessoa está a morrer para si própria pois nenhum eu pode sobreviver quando a consciência desperta está em ação.

E Krishnamurti prosseguiu: "Para que serve uma multidão de pessoas sempre acomodadas, um grande número que são indecisas, vagas, receosas [e] com dúvidas?"[38]

Como se disse atrás, o núcleo de fraternidade a ser formado de acordo com o primeiro objetivo da Sociedade Teosófica está na verdade em formação. Estar em formação significa que não está ainda totalmente formado ...

A humanidade é o nosso reservatório. E a fraternidade

[37] *Agora*, de J. Krishnamurti – Ommen Camp, 1929.
[38] Ibidem.

está sempre a ser construída. É como os bandos de gansos selvagens a voar no céu. A sua composição varia consoante a época, mas há sempre bandos a voar.

Continua a haver perguntas para colocar. Sois vós, sou eu, indeciso, vago, receoso e descrente? Estou acomodado? Estais acomodados?

A formação do núcleo de fraternidade depende da procura e da resposta da alma de cada um. E a resposta pertence a todos. Tem a sua validade no pano de fundo da consciência, uma permanente consciência desperta não comprometida.

\- - -

Os membros da Sociedade Teosófica têm um objetivo único no mundo, objetivo que devem realizar na sua própria esfera individual, quer esta lhes pareça reduzida ou muito vasta. Nenhum esforço se perde no trabalho teosófico e, como poderia ser de outro modo, quando, como disse um Mestre da Sabedoria, "A teosofia só pode encontrar expressão objetiva num amplo código de vida, totalmente impregnado de um espírito de tolerância mútua, caridade e amor fraternal. A sua Sociedade, como corpo, tem uma tarefa diante de si que, se não for realizada com a máxima discrição, fará levantar em armas contra ela o mundo dos indiferentes e dos egoístas. A teosofia tem de combater a intolerância, o preconceito, a ignorância e o egoísmo, ocultos sob o manto da hipocrisia. Tem de derramar toda a luz possível do facho da verdade, que foi confiado aos seus servidores. Deve realizar esta tarefa sem receio nem hesitações, não temendo censuras, nem condenação. A teosofia através do seu porta-voz, a Sociedade, tem de dizer a verdade contra toda a mentira, enfrentá-la sem qualquer receio de consequências más e resistir à calúnia e às ameaças. Como Associação tem não só o direito, mas também o dever de revelar os defeitos e esforçar-se por corrigir os erros, quer pela voz de conferencistas escolhidos, quer através da palavra impressa nos seus jornais e publicações – tornando, contudo, as acusações tão impessoais quanto possível. Mas os seus Membros, individualmente, não têm esse direito. Têm de seguir o exemplo de uma moralidade firmemente delineada e firmemente aplicada, antes de ganharem o direito de apontar, mesmo com espírito amável, a ausência de semelhante unidade ética e honestidade de propósitos noutras Associações ou indivíduos." (John Coats, ex-presidente internacional da ST)

Investigando a clarividência[39]

Uma evidência científica

"Em 1908, foi oferecida ao mundo uma das maiores evidências da percepção extrassensorial (PES) dentro de uma linguagem científica através da publicação do livro *Química Oculta*,[40] de autoria da Dra. Annie Besant e do Bispo C. W. Leadbeater. Assim, esses renomados clarividentes se anteciparam à descoberta de partículas subatômicas chamadas quarks em pelo menos 55 anos, como demonstra o Dr. Phillips em sua obra *Extra-Sensory Perception of Quarks*,[41] publicada em 1980, uma vez que a ciência oficial só descobriu os quarks em 1963. Extraordinária, também, foi a recente descoberta, publicada na revista científica *Phisics World*, de setembro de 2003, de que o Dr. F. W. Aston, o próprio cientista que descobriu oficialmente o Meta-neon e ganhou o Prêmio Nobel de Química, em 1922, admitiu a antecedência da descoberta de Besant e Leadbeater e até mesmo ter adotado o próprio nome deste isótopo a partir do livro *Química Oculta*, embora tivesse dificuldades de compreender o método clarividente de investigação.

"Tão importante foi esta recente descoberta que a Dra. Radha Burnier, atual Presidente Internacional da Sociedade

[39] Parte do texto denominado *Evidências da clarividência na Química Oculta*, de Ricardo Lindemann, publicado como posfácio do livro *Clarividência*, de C. W. Leadbeater, p. 159, editado em 2013 pela Editora Teosófica.

[40] Besant, A. & Leadbeater, C. W. *Occult Chemistry*. Chennai (Madras), *The Theosophical Publishing House* (TPH), 1994 (III Ed.).

[41] Phillips, Stephen M., PhD. *Extra-Sensory Perception of Quarks*. Chennai, TPH, 1980.

Teosófica,[42] redigiu o artigo *Crédito à Clarividência*, traduzido a seguir, cuja leitura recomendamos, e para o qual fazemos esta introdução ao leitor, descrevendo o contexto histórico de *Química Oculta*.

"Na cultura ocidental, as pessoas não estão acostumadas a conceber a possibilidade de uma ciência oculta, ou seja, que utilize o método científico mas se apoie em evidências independentes que cheguem a partir de percepção extrassensorial, talvez porque a maioria das pessoas não tem disposição ou capacidade para um longo treinamento que possibilite despertar e controlar esses poderes paranormais de percepção. Todavia, aos ocidentais parece muito aceitável uma ciência oficial que se baseie em conclusões matemáticas tiradas por uma minoria de cientistas – pois também aqui a maioria não apresenta disposição ou capacidade para um longo treinamento intelectual, de modo a fazer experiências com hipóteses de partículas subatômicas invisíveis em um acelerador de partículas.

"Na cultura oriental, particularmente no Raja-Yoga, aceita-se mais facilmente a ideia de uma ciência oculta, pois ali nunca houve a separação entre religião e ciência, de modo que conhecimentos de natureza mística têm sido testados por gerações de yogis por meio de faculdades de percepção extrassensorial, ou siddhis, enumerados sistematicamente, por exemplo, nos *Yoga-Sutras*, que foram codificados por Patañjali há uns 2.600 anos atrás, em cujo sutra III-26 encontra-se: 'Conhecimento do (que é) pequeno, do (que está) oculto ou distante, (obtém-se) direcionando a luz da faculdade superfísica.'[43] Recomenda-se a este respeito o comentário do Dr. I. K. Taimni (catedrático de Química na Universidade de Allahabad, Índia), em *A Ciência do Yoga*, em cuja tradição este *siddhi* é chamado de *animan* – a capacidade de ver o que é pequeno ou infinitesimal.

"Os *Mahatmas* que inspiraram a fundação da Sociedade Teosófica (1875) eram Mestres nesta Ciência Oculta, e chegaram a afirmar naquela época (1882): 'Um ou dois de nós esperávamos que o mundo houvesse avançado o suficiente

[42] Radha Burnier faleceu em 31.10.2013, aos noventa anos. (N.E.)

[43] Taimni, I.K., PhD. *A Ciência do Yoga*. Brasília, Ed. Teosófica, 1996. p. 252.

intelectualmente, senão intuitivamente, para que a Doutrina Oculta pudesse ter uma aceitação intelectual e fosse possível dar um impulso para um novo ciclo de pesquisa oculta."[44]

"Por isso, o terceiro objetivo da ST é "investigar as leis não explicadas da Natureza e os poderes latentes no homem", tendo ela sido pioneira no estímulo ao surgimento da parapsicologia no Ocidente. Eram ingleses os autores de *Química Oculta – Investigação por Ampliação Clarividente da Estrutura dos Átomos da Tabela Periódica e de Alguns Compostos*, mas, tendo aceitado as condições de um longo e cuidadoso período de treinamento por esses Mahatmas (conforme descrito nas obras *Clarividência, Os Chakras, O Que Há Além da Morte, O Plano Astral, A Vida Interna*, de C. W. Leadbeater), apresentaram finalmente extraordinários resultados de perícia em ciência oculta ao mundo ocidental, numa linguagem adequada à ciência oficial."

Crédito à clarividência[45]

"Quando, em 1908, publicou-se a obra *Química Oculta*, de Annie Besant e C.W Leadbeater, pela primeira vez, foi aclamada nos círculos teosóficos como uma notável obra de investigação clarividente. O Ex-Presidente C. Jinaradasa esteve intimamente associado a esse trabalho, desde as primeiras investigações, de 1895 até 1933. Nesse período, foram publicados na revista *The Theosophist* artigos sobre esse assunto. Elisabeth Preston, cientista e membro da ST, veio especialmente a Adyar para auxiliar o irmão Jinarajadasa a preparar a terceira e última edição dessa obra.

"Com a passagem do tempo tornou-se moda, pelo menos em alguns círculos, denegrir as pesquisas clarividentes de Besant e Leadbeater, que nunca pretenderam ser infalíveis, nem negaram a possibilidade de erro em suas observações. Eles descreviam o que viam pelo que parecia significativo. Diz-se

[44] *Cartas dos Mahatmas para A.P. Sinnett*. Brasília, Ed. Teosófica, 2001. v.1. p. 207 (carta 45).

[45] Título original "Credence for Clairvoyance", em *The Theosophist, Chennai*, Índia, abril de 2004, artigo de autoria de Radha Burnier (1923-2013), ex-presidente Internacional da Sociedade Teosófica, publicado como apêndice do livro *Clarividência*, de C. W. Leadbeater, pp. 169-172, editado em 2013, pela Editora Teosófica.

que C.W Leadbeater foi especialmente treinado em clarividência por pessoas espiritualmente evoluídas. Helena Blavatsky menciona, em seu livro *A Chave para a Teosofia* (Editora Teosófica, 1991), que viria "um novo portador da tocha da Verdade", e sugeriu que, se os membros da Sociedade Teosófica trabalhassem de maneira correta, o terreno estaria preparado para a mensagem do Instrutor. Alguns acreditavam que o treinamento de Leadbeater tinha a especial finalidade de capacitá-lo a identificar o veículo para o novo ensinamento. Annie Besant afirmou que não usava seus *siddhis* (poderes psíquicos) quando se envolveu no trabalho de libertação política da Índia.

"Naturalmente, os cientistas seguem seus próprios métodos rigorosos de investigação. O resultado da investigação clarividente sempre esteve fora de seu campo de interesse, carecendo, para os cientistas, de credibilidade em qualquer sentido. Apenas muito recentemente um novo aspecto foi considerado pelo Dr. Stephen Phillips, que viu a conexão das últimas descobertas científicas com os *insights* clarividentes de *Química Oculta*. Seus livros *ESPof Quarks* (1980) e *Evidence of a Yogic Siddhi* (1996) foram publicados pela TPH, em Adyar, seguidos por *Essentials of Occult Chemistry and Modern Science* (2000), de H. J. Arnikar, professor emérito de Química da Universidade de Poona, Índia.

"Em setembro de 2003 a revista *Physics World* publicou um artigo de Jeff Hughes (do Centro para a História da Ciência, Tecnologia e Medicina da Universidade de Manchester) intitulado *Ocultismo e o Átomo: a Curiosa História dos Isótopos.*[46] Nele, o autor relata como F. W. Aston, que ganhou o Prêmio Nobel de Química em 1922, acatou sugestões da primeira edição de *Química Oculta*, de Besant e Leadbeater. Ele adotou até mesmo o nome metaneon, usado na obra para denominar o isótopo do neon.

"Hughes relata: "A história de Aston, os metaelementos e a Teosofia me foram revelados quando eu examinava uma grande caixa cinzenta com os artigos de Aston na Biblioteca da Universidade de Cambridge, ao fazer minha pesquisa so-

[46] Hughes, Jeff. *Occultism and the atom: the curious story of isotopes*. Physics World, Bristol, UK, pp. 31-35, Sep. 2003. [ISSN: 0953-8585] (N.E.)

bre história da física nuclear (...). Esquecido entre esse material estava um artigo datilografado, em 15 páginas, intitulado *A Homogeneidade do Neon Atmosférico*(...). Na última página do artigo, após os agradecimentos usuais, aparecia uma curiosa *Nota sobre o nome metaneon*, na qual Aston revela a fonte desse nome. Inicialmente, fiquei até surpreso pelo fato dele estar familiarizado com a *Química Oculta* de Besant e Leadbeater; curioso, então decidi verificar a conexão teosófica." (HUGHES, 2003: p. 34.)

"Hugles vai além, e fornece detalhes sobre como Aston, numa conferência para a Associação Britânica sobre os pesos atômicos do neon e do metaneon (em Birminghan, em 1913) referiu-se à publicação de Besant e Leadbeater de 1908. Aston escreveu: "Por métodos teosóficos totalmente incompreensíveis para o mero estudante de física, (os autores) declaram ter determinado o peso atômico de todos os elementos conhecidos e de diversos elementos desconhecidos na época. Entre esses últimos aparece um ao qual atribuem um peso atômico de 22,33 (H=1), e que denominaram metaneon. Como este nome parece adequado, tanto quanto qualquer outro, para um novo gás sobre cujas propriedades pouco se sabe, eu o usei nesse artigo." (HUGHES, 2003: pp. 32-3).

"Hughes ressalta que, na época, diversos físicos notáveis (entre eles Lord Rayleigh, Oliver Lodge e J. J. Thompson) eram membros da Sociedade para Pesquisas Psíquicas (Society for Psychical Research) e se interessavam por fenômenos paranormais. No contexto da época, talvez Aston sentisse que podia mencionar, em seu discurso para a Associação Britânica, as assombrosas afirmações sobre isótopos de gases raros da *Química Oculta*: metaneon, meta-argônio, metacriptônio e outros.

"Contudo, como relata Hughes (cujo livro sobre os primeiros tempos na história dos isótopos deve ser publicado pela Routledge no próximo ano), em sua Palestra Nobel e em seu influente Manual de 1922, chamado *Isótopos*, Aston "reconstruiu a história de seu próprio trabalho para fazer com que as ligações entre um neon-22 e os isótopos parecessem diretas. (...) Todas as referências à *Química Oculta* foram eliminadas.

Essa história reconstruída foi rapidamente aceita como a história convencional." (Hughes, 2003, p. 35).

"Jinarajadasa escreveu a Aston para ressaltar que Besant e Leadbeater tinham descobertos os isótopos antes dele, mas Aston respondeu que não estava interessando em Teosofia. Tanto a carta de Jinarajadasa quanto a resposta de Aston foram publicadas em 1946 pela *Theosophical Publishing House* (TPH), em Adyar, em um panfleto intitulado *Investigações em Química Oculta*. Tudo parece indicar que C. Jinarajadasa não conhecia as referências originais de Aston, agora trazidas à luz por Jeff Hughes, onde Aston admitia conhecer o trabalho dos dois teósofos.

"Como podemos ver, até mesmo a história da Ciência é reformulada, de tempos em tempos, em razão de contextos ou conveniências. O crédito pelo ressurgimento do conhecimento teosófico na história dos isótopos deve-se ao físico britânico Stephen Phillips. Será interessante ver, em 2005, as reações que surgirão após a Routledge publicar o livro de Jeff Hughes sobre a história dos isótopos."

Vegetarianismo à Luz da Teosofia[47]

Annie Besant
Tradução: Edilson A. Pedrosa.

O título da palestra que darei esta noite mostra, eu acho, as limitações que eu praticamente impus a ambos os temas nela mencionados, definindo, assim, os limites do que eu tenho a dizer. Vim falar com vocês sobre 'vegetarianismo à luz da teosofia'. Agora, é certo que vocês podem defender a teoria e prática vegetariana de muitos pontos de vista. Vocês podem considerá-la do ponto de vista da saúde física; podem levá-la ao longo das linhas fisiológicas e químicas; podem elaborar um argumento muito forte a favor da conexão entre ela e o uso, ou melhor a falta de hábito, de bebida forte, porque o uso de álcool e carne estão intimamente associados e é muito comum variarem juntos no mesmo indivíduo; ou vocês podem argumentar a partir de outras perspectivas, provavelmente familiares para muitos de vocês, nos argumentos lidos em revistas vegetarianas e ouvidos dos oradores vegetarianos. Então, novamente com a teosofia. Se eu fosse lidar com isso por si só, deveria estar dando uma impressão de seu significado e de suas doutrinas, traçando para vocês, talvez, o curso de sua história, avançando argumentos quanto à razoabilidade de seu ensino geral, quanto ao valor de sua filosofia para o

[47] Título original: *Vegetarianism In The Light Of Theosophy*. Em Adyar Pamphlets N° 27 – Theosophical Publishing House, Adyar, Madras, Índia. Primeiro impressão em maio de 1913. *https://www.levir.com.br/theosophy/theotext.php?-cod=00747*.

homem. Mas eu vou conduzir os dois assuntos relacionando um ao outro, e essa relação significa que eu vou tentar trazer para alguns de vocês, que muito provavelmente já são vegetarianos, argumentos numa linha de pensamento que pode ser menos familiar para vocês do que aqueles com os quais o vegetarianismo é geralmente apoiado. E também vou tentar mostrar àqueles que não são vegetarianos que, do ponto de vista teosófico, há argumentos a serem aduzidos, além daqueles que tratam da nutrição do corpo, com questões químicas ou fisiológicas ou mesmo com a sua influência no comércio de bebidas – uma linha de pensamento inteiramente diferente e valiosa talvez, especialmente, por causa de sua diferença; tal como você pode trazer novos reforços para um exército que já está lutando contra chances consideráveis.

O vegetarianismo que vou discutir esta noite é o que deve ser familiar a todos vocês, como a abstinência de todos aqueles tipos de comida que implicam a morte do animal ou a crueldade infligida ao animal. Não vou seguir nenhuma linha especial de argumentação, como a que pode dividir uma festa vegetariana da outra. Não vou discutir sobre cereais nem sobre frutas nem sobre a variedade de dietas que constitui grande parte da discussão atualmente. Vou seguir a ampla linha da abstinência de todos os tipos de comida animal e vou tentar mostrar as razões pelas quais tal abstinência pode ser extraída dos ensinamentos da teosofia e endossadas por essa visão do mundo e dos homens que é conhecida sob esse nome.

Devo dizer, antes de expor o argumento, que, embora acredite que ele esteja em perfeita harmonia com o ponto de vista da teosofia, eu não tenho o direito de prometer que a Sociedade Teosófica como um todo aceite esse argumento, pois, como muitos de vocês sabem, nós não exigimos das pessoas que entram na Sociedade Teosófica a aceitação das doutrinas que são conhecidas sob o nome geral de teosofia. Só lhes pedimos que aceitem a doutrina da fraternidade universal e busquem a verdade no espírito cooperativo, por assim dizer, e não no competitivo. Isto é, exigimos de nossos membros que não ataquem agressivamente as religiões ou outros pontos de vista de seus vizinhos, mas que mostrem o mesmo respeito aos outros que esperam que estes lhes mostrem na expressão de suas opiniões. Ficamos satisfeitos com essa obrigação. Nós não tentamos forçar opiniões teosóficas naqueles que ingressam. Aqueles de nós que acreditam que elas são verdadeiras têm fé na força da própria verdade e, portanto, deixamos nossos membros perfeitamente livres para aceitá-las ou rejeitá-las. Sendo assim, você compreenderá que, ao falar, não estou comprometendo a Sociedade. Os pontos de vista que exponho são extraídos da filosofia, que pode ou não ser do conhecimento de qualquer membro individual da nossa união.

Agora, a primeira linha de argumentação para a qual eu chamarei a sua atenção com relação ao vegetarianismo à luz da teosofia é esta: a teosofia considera o homem como parte de uma grande linha de evolução; considera o lugar do homem no mundo como um elo de uma poderosa cadeia, uma cadeia que tem o seu primeiro elo de manifestação na própria vida divina, que desce, elo após elo, através de grandes hierarquias, ou classes, de inteligências espirituais em evolução, que descendo desse modo de sua origem divina através de entidades espirituais, envolve-se então na manifestação que conhecemos como nosso próprio mundo; que este mundo, que é apenas a expressão do pensamento divino, é penetrado completamente por esta vida divina; que tudo o que chamamos lei é a expressão dessa natureza divina; que todo estudo da manifestação da lei é o estudo dessa mente divina na natureza; de modo que o mundo não deve ser olhado sob ponto de vista da ciência materialista, como sendo essencialmente matéria e força, mas, sim, como vida e consciência envolvendo-se, para propósitos de manifestação, naquilo que reconhecemos como matéria e força.

Então, começando com essa ideia e traçando o que podemos chamar de involução da vida até o seu ponto mais baixo, chegamos ao reino mineral. A partir daí, com a vida voltando a subir, por assim dizer, num ciclo ascendente em vez de descendente, – a matéria torna-se cada vez mais maleável sob a força desta vida em evolução, tornando-se cada vez mais plástica – até que a partir do mineral evolua o vegetal. Então, enquanto trabalha no reino vegetal, a matéria se torna ainda mais plástica e, portanto, mais capaz de expressar a vida e a consciência que estão atuando dentro dela, você chega à evolução do reino animal, com suas energias mais altamente diferenciadas, com sua complexidade crescente de organização, com seu poder crescente de sentir prazer e dor, e, acima de tudo, com o aumento da individualização, essas criaturas tornando-se cada vez mais tipos individuais, cada vez mais separadas, por assim dizer, conscienciaImente, começando a mostrar os germes da consciência superior; essa vida primária, que vive em todos, sendo capaz de expressar-se mais completamente nesse sistema nervoso mais altamente organizado e sendo, por assim dizer, treinada nisso por mais respostas aos contatos com o universo externo. Então, ainda em ascensão, encontra uma manifestação muito mais elevada na forma humana, e esta forma humana é animada pela alma e pelo espírito – a alma que, por meio do corpo, manifesta-se como mente, e o espírito que, pela evolução da alma, manifesta-se gradualmente neste universo externo.

Assim, o homem, em virtude dessa alma que se torna autoconsciente, em virtude desta evolução superior – a mais elevada que existe na forma material em nosso mundo – é, por assim dizer, a mais alta expressão dessa vida em evolução; ele deve, portanto, ser também a expressão mais perfeita dessa manifestação crescente da lei. Por causa da vontade que se desenvolve no homem, que tem o poder de escolha, que é capaz de dizer "eu quero", ou "eu não quero", que se distingue das formas inferiores das criaturas vivas por esse mesmo poder do determinação autoconsciente, que, só porque está perto da expressão do divino, mostra aquelas marcas de pensamento, de ação espontânea, que são características da vida suprema evoluindo na matéria – exatamente por causa de tudo isso, o homem tem uma dupla possibilidade, uma responsabilidade maior, um destino maior ou outro mais degradado. Ele tem esse poder de escolha. Aquela lei que, nas formas inferiores de vida, está impressa na forma, à qual as formas obedecem, por assim dizer, por meio de compulsão; a lei que no mundo mineral não deixa escolha para os átomos minerais; que, no mundo vegetal novamente, é uma lei compulsória, que se desenvolve ao longo de certas linhas definidas, sem, até onde podemos julgar, muito poder de resistência; que, no animal, apresenta-se como instinto, ao qual o animal obedece e obedece continuamente; que a lei, enquanto nós seguimos a ordem geral, quando se trata de lidar com o homem, defronta-se com uma mudança.

O homem é o elemento desordenado da natureza; o homem é quem, embora tenha maiores possibilidades, estabelece discórdia nesse domínio da lei; o homem é quem, apenas em virtude de sua vontade desenvolvida, tem o poder de se colocar contra a lei e manter a própria vontade, por assim dizer, por algum tempo. No longo prazo, a lei vai esmagá-lo. Sempre que ele se opõe a ela, a lei se afirma pela dor que inflige; ele não pode realmente quebrá-la, mas ele pode causar desordem, pode causar desarmonia; pode, por sua vontade, recusar-se a seguir o mais elevado e melhor e escolher deliberadamente o caminho inferior e pior. E apenas por causa desse poder, o poder de escolha – ele tem possibilidades muito maiores do que as que se apresentam perante o mineral, o vegetal ou o mundo animal. É, pois, um tipo mais elevado de harmonia colocar-se conscientemente em união com a lei do que ser simplesmente um objeto movido por ela, sem a vontade que conscientemente escolhe o superior. E, portanto, o homem está nesta posição: ele pode cair mais baixo que o bruto, mas também pode elevar-se infinitamente mais alto. Portanto, a responsabilidade recai sobre ele para que seja o instrutor da natureza inferior, o educador da natureza inferior, o modelador gradual, por assim dizer, do mundo das formas superiores de ser e dos tipos de vida mais nobres. E o homem, onde quer que ele vá, deve ser o amigo de todos, o ajudador de todos, o amante de todos, expressando sua natureza amorosa em sua vida diária, e trazendo a toda criatura inferior não somente o controle que pode ser usado para educar, mas o também o amor que pode ser usado para erguer aquela criatura inferior na escala do ser.

Aplique então aquele princípio do lugar do homem no mundo, vice-regente num sentido muito real, governante e monarca do mundo, mas com o poder de ser um mau ou um bom monarca e responsável perante todo o universo pelo uso que faz do poder. Tome então o homem em relação aos animais inferiores desse ponto de vista. Claramente, se quisermos olhar para eles a partir dessa posição, matar os animais para sua própria satisfação está imediatamente fora questão. Ele não deve andar entre as criaturas felizes da floresta e levar para lá a miséria do medo, do terror, do horror, provocando destruição por onde quer que vá; ele não deve se munir de anzol e espingarda ou de outras armas que ele é capaz de fabricar, lembre-se, somente em virtude da mente que está desenvolvida dentro dele. Prostituindo aqueles poderes superiores de mente para se tornar o inimigo mais mortal das outras criaturas sencientes que compartilham o mundo com ele, ele usa a mente, que deveria estar lá para ajudar e treinar os inferiores, para trazer novas formas de miséria e energia destrutivas em todas as direções. Quando você vê um homem passar entre os animais inferiores, eles somem de sua presença, pois a experiência lhes ensinou o que significa conhecer um homem. Se ele entrar em alguma parte isolada da Terra onde o pé humano raramente tenha pisado, lá ele achará os animais destemidos e amigáveis, e ele poderá andar entre multidões deles, e eles não se retrairão de seu toque. Pegue e leia os relatos de viajantes que entraram em algum lugar onde o homem ainda não havia penetrado e você vai ler como eles puderam andar entre multidões de pássaros e outras criaturas como amigo entre amigos. E é somente quando ele começa a tirar proveito da confiança deles para pô-los abaixo, somente então, pela experiência do que a presença do homem significa para eles, aprendem a lição de desconfiança, de medo, de sumir de sua presença. De modo que em todo país civilizado, onde quer que haja um homem, no campo ou na floresta, todos os seres vivos voam ao som de seus passos; e ele não é amigo de nenhuma criatura, mas o único que traz terror e alarme, e eles voam de sua presença.

E, no entanto, tem havido alguns homens cujo espírito de amor pulsa tão fortemente que os seres vivos do campo e da floresta se aglomeram em torno deles onde quer que vão. Homens como São Francisco de Assis, de quem se diz que, enquanto caminhava pela mata, os pássaros voavam para ele e empoleiravam-se em seu corpo, tão fortemente eles sentiam a sensação de amor que estava ao redor dele como um halo, onde quer que fosse. Também na Índia, você encontrará homem após homem em quem esse mesmo espírito de amor e compaixão é visto, e nos bosques e na selva, na montanha e no deserto, tais homens podem ir aonde quiserem e mesmo as bestas selvagens não os vão tocar. Eu poderia contar-lhes histórias de iogues daquele país, inofensivos em todos os atos e pensamentos, que podem passar por selvas onde tigres estão agachados, e os tigre às vezes irão deitar-se e lamber os seus pés, inofensivos como gatinhos diante do espírito do amor. E assim pode o homem lidar com todas as coisas que vivem: assim seria se fôssemos amigos em vez de inimigos. Embora, na verdade, sejam necessários agora muitos séculos para desfazer o mal de um passado manchado de sangue, isso ainda é possível, a simpatia pode ser produzida, e cada homem, cada mulher que, na vida, é amigável com as criaturas inferiores está adicionando sua cota de amor no mundo, que, em última instância, subjugará todas as coisas.

[Vamos] passar daquele dever do homem como monarca do mundo para o próximo ponto, que no ensino teosófico proíbe a matança de coisas vivas. Alguns de vocês podem saber que parte de nosso ensinamento é que o mundo físico é interpenetrado e cercado por um mundo de matéria mais sutil que chamamos de "astral"; que as forças residem especialmente nessa matéria sutil (que pode ser chamada de éter se o nome for mais familiar para você); que naquele mundo você tem o reflexo e a imagem do que ocorre no plano material; que os pensamentos também formam imagem ali, assim como as ações são ali refletidas, e este mundo astral situa-se entre o mundo material e o mundo do pensamento. O mundo do pensamento, cheio dos pensamentos dos homens, envia essas potentes energias para o mundo astral; lá elas formam imagem, que reage ao físico. É isso que tantas vezes é percebido pelo "sensitivo". Quando ele entra num salão especial, uma casa, uma cidade, ele é capaz de lhe dizer, por um sentimento sutil que ele pode ser incapaz de explicar, algo das características gerais da atmosfera daquela casa, ou salão, ou cidade – se para ele são puras ou sujas; se para ele é amigável ou hostil; se exerce sobre ele uma influência saudável ou prejudicial. Uma das maneiras pelas quais você pode reconhecer o funcionamento deste mundo astral é conectando-o em seu pensamento, tal como a ciência começa a conectar o éter, com todas as correntes magnéticas e toda ação elétrica. Tome, por exemplo, a ação que um orador exerce sobre a multidão. Isso depende da presença dessa matéria etérea na qual atuam forças magnéticas, de modo que uma frase pronunciada e carregada com o magnetismo do orador tem um efeito totalmente diferente sobre aqueles em cujos ouvidos ela cai do que se a mesma frase for lida friamente (a sangue frio, como é dito) num jornal ou num livro. Por quê? Porque a força do orador, tomando forma nesta matéria sutil, que é o meio entre ele e os ouvintes, faz essa matéria latejar com as vibrações do orador; seu magnetismo carrega-a, lança-a em ondas, e estas ondas atingem a matéria semelhante nos corpos dos ouvintes, e a onda se espalha pelo salão, e essa vibração de um pensamento único no momento faz com que todos que estão lá sintam da mesma forma o seu poder, embora não o faça depois. Uma ou outra vez, ao falar com as pessoas – falar, quero dizer, da tribuna – quando a força magnética é forte, as pessoas com quem você está falando vão se deixar levar, embora possam não concordar com os argumentos que você está colocando, e você verá alguém que você conhece e é antagônico ao pensamento que você está expressando aplaudindo loucamente. Encontre com ele no dia seguinte, e você vai achá-lo muito zangado consigo mesmo porque se deixou levar pelo momento. O que fez isso? É essa simpatia magnética, esse lançamento de éter em ondas, que o atingem e aos outros, e tanto o corpo quanto o cérebro respondem às vibrações e, por algum tempo, ele é dominado por esse poder magnético do orador.

Agora, pegando isso – que é apenas uma ilustração, para mostrar-lhe o que quero dizer com essa matéria astral e o modo como ela é lançada em vibração por correntes magnéticas – pense na matéria astral por um momento do ponto de vista da teosofia como interpenetrante e rodeando o nosso mundo;

depois leve os seus pensamentos para um matadouro. Tente avaliar pela imaginação, se você puder (caso não tenha tido a infelicidade de ver na realidade), algo das paixões e emoções que são despertadas, não por um momento no homem que está matando (vou lidar com ele no momento apropriado), mas nos animais que estão sendo mortos! Note o terror que os atingem quando eles sentem o cheiro do sangue! Veja o sofrimento, o susto e o horror dos quais eles lutam para escapar e mesmo abandonar o caminho por onde estão sendo levados! Siga-os direto ao matadouro, se tiver coragem de fazê-lo, e veja como eles estão sendo mortos e, então, deixe sua imaginação dar um passo adiante ou, se você tiver o poder sutil de sentir vibrações astrais, olhe e lembre-se do que você vê: imagens de terror, de medo, de horror, quando a vida é subitamente arrancada do corpo, e a alma animal com seu terror, com seu horror, sai para o mundo astral para lá permanecer por um período considerável antes de se acabar e perecer. E lembre-se de que onde quer que esse abate de animais continue, você está lá focalizando todas aqueles sentimentos de horror e terror, e aqueles que reagem no mundo material, aqueles que reagem nas mentes humanas, e qualquer um que seja sensível, entrando na vizinhança de tal lugar, veem e sentem aquelas terríveis vibrações, sofrem com elas e sabem de onde elas provêm.

Agora, suponha que vocês foram a Chicago – eu faço essa ilustração porque é uma cidade onde eu particularmente notei esse efeito. Chicago, como vocês sabem, é eminentemente uma cidade de abate; é a cidade onde existem, eu suponho, os arranjos mais elaborados para a matança de animais que a engenhosidade humana já inventou, feita por máquinas em grande parte, e onde milhares e milhares de criaturas são abatidas semana após semana. Ninguém que seja minimamente sensível e, muito menos, alguém que, por treinamento, despertou alguns dos sentidos interiores, pode passar não apenas por Chicago, mas a quilômetros de distância de Chicago, sem ter consciência de um profundo sentimento de depressão que se abate sobre ele, uma sensação de encolhimento, por assim dizer, de poluição, uma sensação de horror que, a princípio, não é claramente reconhecida, nem a sua fonte é vista de imediato. Agora, aqui estou falando apenas do que sei. E, por acaso, quando fui a Chicago, eu estava lendo, como tenho o hábito de fazer no trem, e nem sabia que estava chegando a uma distância considerável da cidade (pois o lugar é tão grande que se estende muito mais do que um estrangeiro poderia imaginar e toma muito mais tempo para chegar ao centro do que se tem noção) e, enquanto estava sentada no trem, eu tive consciência de repente do sentimento de opressão que sobreveio. Eu não o reconheci a princípio, raios de pensamentos estavam espalhados pela cidade; e se fizeram sentir tão fortemente que comecei a olhar e a tentar sentir o que era aquilo e o que estava causando aquele resultado; e logo descobri qual a razão, e então me lembrei que estava entrando no grande matadouro dos Estados Unidos. Era como se alguém estivesse dentro de uma mortalha física de negrume e miséria, sendo esse resultado psíquico ou astral, por assim dizer, a cobertura que se espalhava por aquela cidade poderosa. E eu lhes digo que, para aqueles que conhecem alguma coisa do mundo invisível, esse constante massacre de animais assume um aspecto muito sério, além das outras questões que podem ser trazidas para elucidá-lo; pois esse contínuo derrame de influências magnéticas do medo, de horror, de raiva, de paixão e de vingança trabalha nas pessoas entre as quais elas tocam e tendem a se tornar grosseiras, tendem a degradar, tendem a poluir. Não é apenas o corpo que está conspurcado pela carne dos animais, é a força mais sutil do homem que também está imersa nesta área de poluição. E muito, muitíssimo do lado mais grosseiro da vida da cidade, do lado mais grosseiro da vida daqueles que estão interessados no massacre, vem diretamente deste reflexo do mundo astral, e todo esse terrível protesto vem das vidas tiradas dos animais abatidos.

Eu disse que era isso, à parte os homens que abatem. Mas podemos justamente deixá-los fora de consideração quando estamos lidando com a questão do carnivorismo? É claro que nem você nem eu podemos comer carne, a menos que nós próprios matemos ou arranjemos outro para fazer isso por nós. Portanto, somos diretamente responsáveis por qualquer deterioração do caráter moral dos homens sobre os quais lançamos esse trabalho de abate porque somos delicados demais e refinados para realizá-lo por nós mesmos. Agora considere o caso do matadouro. Suponho que ninguém vai alegar que é uma forma de negócio que aceitaria com muito prazer, se a pessoa, homem ou mulher, é educada ou refinada, – pois não sei por que as mulheres deveriam ficar de fora disso, pois figuram em grande parte entre os comedores de carne. Presumo que pouquíssimos homens e muito poucas mulheres estariam dispostos a ir pegar ovelhas ou bois e, então, abater as criaturas para poderem comer. Eles admitem que há na pessoa que faz isso uma certa tendência grosseira. Tanto é que é reconhecido por lei, certamente nos Estados Unidos, pois não sei se a lei aqui é a mesma, que nenhum açougueiro pode se sentar em um júri para um julgamento por assassinato; ele não tem permissão para participar de tal julgamento, simplesmente porque seu contínuo contato com o abate é considerado um tanto enfraquecedor de suas suscetibilidades nessa conexão, de sorte que em todo os Estados Unidos não é permitido a nenhum homem com o ofício de açougueiro participar como jurado em um julgamento por assassinato. Essa lei não está confinada aos Estados Unidos, mas, como eu digo, não sei se é a lei vigora na Inglaterra. Isso está muito claro e definido: se você for a uma cidade como Chicago e considerar a classe dos magarefes por lá, você descobrirá que o número de crimes de violência nesta classe é maior do que entre qualquer outra classe da comunidade; que o uso da faca é muito mais comum, e isso tem sido observado (estou falando agora de fatos que reuni em Chicago) que esse uso da faca é marcado por uma característica peculiar, qual seja, que o golpe raivoso desferido por esses matadores treinados é quase invariavelmente fatal, porque instintivamente são aplicados com a peculiar reviravolta da mão à qual eles estão habituados a dar continuamente em sua matança diária dos animais inferiores. Ainda que, em Chicago, seja reconhecido como um fato, não parece implicar nas mentes das pessoas qualquer responsabilidade moral por sua participação na evolução desse tipo de ser humano muito desagradável. E assim com a questão do abate nesta cidade e em qualquer outro lugar.

Alguma vez lhe ocorreu a regra ética pela qual você não tem o direito de colocar sobre outro ser humano, em seu próprio benefício, um dever que você não está preparado para cumprir por si mesmo? Está tudo bem para uma senhora delicada e refinada sentir-se orgulhosa de sua delicadeza e refinamento, ser refratária a qualquer noção, digamos, como a de ir ao chá com um açougueiro, opondo-se fortemente, com certeza, à ideia de ele entrar sala de estar dela, refugar completamente a ideia de consorciar-se com tais pessoas – "Tão grosseiras, você sabe, e tão desagradáveis". Exatamente, mas por quê? A fim de que ela possa comer carne, para satisfazer seu apetite. Ela foge de si mesma em seu refinamento e coloca em outro o seu lado grosseiro e embrutecedor, porquanto leva para a satisfação de seu próprio apetite os frutos do embrutecimento de seus semelhantes. Agora, me arrisco a afirmar que, se as pessoas querem comer carne, devem elas mesmas matar os animais, pois que não têm o direito de degradar outras pessoas com esse tipo de trabalho. Nem deveriam dizer que, se não o fizessem, o massacre continuaria. Essa não é uma maneira de fugir de uma responsabilidade moral. Toda pessoa que come carne participa dessa degradação de seus semelhantes; sobre ele e sobre ela, pessoalmente, incide parte da culpa e, pessoalmente, reside a responsabilidade. E se este mundo for um mundo de lei, se é verdade que a lei não se realiza apenas no mundo físico, mas também no mental, no moral e no espiritual, então cada pessoa que tem uma parte no crime tem também uma parte na penalidade que segue nos calcanhares do crime, e assim, a sua própria natureza é brutalizada pela brutalidade que ele torna necessária por sua participação nos resultados que dela advêm.

Há outro ponto pelo qual as pessoas são responsáveis adicionalmente à sua responsabilidade para com a classe de abate. Elas são responsáveis por toda a dor adicional provocada pelo consumo de carne, e que se justifica pelo uso de animais sencientes como alimento; não apenas os horrores do matadouro, mas também os horrores prévios do tráfego ferroviário, do tráfego de barcos a vapor e navios; toda a fome e sede, e a miséria prolongada do medo que essas criaturas infelizes têm que passar para a satisfação do apetite humano. Se você quiser saber algo sobre isso, desça e veja as criaturas retiradas de alguns dos navios, e você verá o medo, você verá a dor que está marcada na cara dessas criaturas inferiores. Eu digo que você não tem o direito de infligir esta dor, que você não tem o direito de ser parte dela, que toda essa dor atua como um registro contra a humanidade que afrouxa e retarda o crescimento humano; pois você não pode se separar desse modo do mundo, você não pode se isolar e continuar em evolução enquanto está atropelando os outros. Aqueles que você atropela retardam seu próprio progresso. A miséria que você causa é, por assim dizer, a lama que se agarra a seus pés, impedindo-o de subir; pois temos que nos erguer ou cair juntos, e toda a miséria que infligimos aos seres sencientes atrasa a nossa evolução humana e torna mais lento o progresso da humanidade em direção ao ideal que está tentando realizar.

Olhando para a coisa desse ponto de vista amplo, afastamo-nos de todos os argumentos menores que surgem na discussão, longe de todas as questões sobre se a carne nutre ou não, se ela ajuda ou não o corpo humano; e baseamo-nos fundamentalmente nesta posição sólida: nada que retarde o crescimento e o progresso do mundo, nada que lhe acrescente sofrimento, nada que aumente sua miséria, nada que impeça sua evolução em direção a formas superiores de vida tem possibilidade de justificar-se, mesmo que se pudesse demonstrar que o vigor físico do corpo do homem seria aumentado pela passagem por essa via. Então, temos um ponto de vista sólido a partir do qual discutir. Assim, você pode continuar, se quiser, a argumentar que, na verdade, o vigor físico não precisa desse tipo de alimentação; mas prefiro assumir minha posição sólida em um terreno superior: isto é, na evolução da natureza superior em todos os lugares, na harmonia que é dever do homem aumentar e, por último, em tornar perfeito o mundo.

Você pode notar nesses pontos que tenho discutido que o comedor individual de carne está fora, por assim dizer. Eu não estou, portanto, pedindo a abstinência em prol da melhoria pessoal, em prol do desenvolvimento pessoal, em prol do crescimento pessoal. Eu tenho colocado isso na base mais elevada do dever, da compaixão, do altruísmo, das qualidades essenciais que marcam a evolução mais alta do mundo. Mas também temos o direito de nos voltarmos para o indivíduo e ver o rumo em si mesmo, em seu corpo, em sua mente, em seu crescimento espiritual, que essa questão de comer carne ou da abstinência de carne pode ter. E tem um comportamento muito real. É perfeitamente verdadeiro, no que diz respeito ao corpo, quando você olha para ele como um instrumento da mente, quando você olha para ele como aquilo que deve se transformar em um instrumento do espírito. É perfeitamente verdadeiro que é uma questão de grande importância qual o tipo específico de nutrição que você fornece para o corpo que você tem sob seu comando. E aqui a Teosofia vem e diz: este corpo que a alma está habitando é uma coisa excessivamente fugaz; ele é composto de partículas minúsculas, cada uma delas é uma vida, e essas vidas estão continuamente mudando, continuamente passando de um corpo a outro, de modo que você tem um grande fluxo de partículas indo de um corpo a outro, e afetando, quando elas caem sobre eles, todos esses corpos, afetando-os para o bem ou para o mal. A ciência, lembre-se, está também começando a reconhecer isso como verdade. A ciência, estudando as doenças, descobriu que a doença é constantemente propagada por esses organismos minúsculos que ela chama de micróbios; ela ainda não reconheceu que todo o corpo é feito de criaturas minúsculas que vêm e vão a cada hora de nossa vida, que constroem nosso corpo hoje, o corpo de outra pessoa amanhã, indo e vindo continuamente, um constante intercâmbio acontecendo entre esses corpos de homens, mulheres, animais, crianças e assim por diante.

Agora suponha que por um momento que você olhe para o corpo a partir desse ponto de vista, em primeiro lugar virá, de novo, a sua responsabilidade para com os seus semelhantes. Essas vidas minúsculas que estão construindo seu corpo assumem o padrão a que você as submete enquanto são suas. Você as alimenta e nutre, e isso afeta as características delas. Você lhes dá comida pura ou ruim; você pode envenená-las ou torná-las saudáveis; e à medida que você as alimenta, elas passam longe de você e levam de você, para os corpos dos outros, as características que elas adquiriram enquanto viviam sob sua responsabilidade. De modo que aquilo que um homem come, o que um homem bebe, não é uma questão apenas dele, mas de toda a comunidade da qual ele faz parte; e qualquer homem que, ao comer ou beber, não tenha o cuidado de ser puro, contido e temperado, torna-se um foco do mal físico no lugar onde está e tende a envenenar seus irmãos e tornar a vitalidade deles menos pura do que deveria ser. Aqui, no que diz respeito à carne e à bebida, surge a grande responsabilidade. É claro que a natureza do alimento afeta muito o organismo físico e fornece, por assim dizer, um mecanismo físico para o lançamento de uma qualidade ou outra. Ora, as qualidades residem na alma, mas elas se manifestam por meio do cérebro e do corpo; portanto, os materiais de que o cérebro e o corpo são compostos são uma questão de considerável importância, pois, assim como a luz que brilha através de uma janela colorida passa por ela colorida e não mais branca, o mesmo acontece com as qualidades da alma que trabalha através do cérebro e do corpo: elas absorvem parte das qualidades do cérebro e do corpo e manifestam a condição delas pelas características deste cérebro e deste corpo.

Agora, suponha que você olhe por um momento para alguns dos animais inferiores considerando a comida deles. Você verá que, de acordo com a comida deles, também são as características que eles revelam. Além disso, se você pegar um cachorro, descobrirá que o pode tornar gentil ou feroz de acordo com a natureza da comida com a qual você o alimenta. Agora, ainda que seja perfeitamente verdadeiro que o animal está muito mais sob o controle do corpo físico do que o homem, é bem verdade, também, que o animal é mais susceptível a essas influências externas do que o homem com a vontade autodeterminante mais forte. Ainda é verdade também que, na medida em que o homem tem um corpo e só pode trabalhar no mundo material com este corpo, ele torna a sua tarefa mais difícil ou mais fácil em relação às qualidades da alma de acordo com a natureza do aparato físico que essa alma é forçada a usar em suas manifestações no mundo exterior. E se, ao alimentar o corpo, ele alimenta essas minúsculas vidas, que o compõem, com a comida que põe em ação as paixões dos animais inferiores e a sua natureza inferior, então, ele está fazendo um corpo mais grosseiro e mais animal, mais apto a responder aos impulsos animais e menos apto a responder aos impulsos mais elevados da mente. Pois quando ele usa, na construção de seu próprio corpo, essas vidas minúsculas dos corpos dos animais inferiores, ele está ali dando à sua alma como um instrumento, um veículo que vibra mais facilmente sob os impulsos animais. Não é suficientemente difícil o crescer puro em pensamentos? Não é difícil o bastante controlar as paixões do corpo?

Não é muito difícil ser moderado na alimentação, na bebida e em todos os apetites que pertencem à ferramenta física? A alma já não tem uma tarefa difícil o bastante, para que devamos dificultar a sua tarefa poluindo o instrumento pelo qual ela tem que funcionar e dar-lhe material que não responda aos seus impulsos mais sutis, mas que responda prontamente a todas as paixões da natureza animal a que a alma está vinculada? E então, quando você se lembra que você passa e que, enquanto você come carne, e assim fortalece essas paixões animais e inferiores, você está imprimindo nas moléculas de seu próprio corpo o poder de responder dessa forma, você certamente deveria treinar e purificar seu corpo, e não ajudá-lo continuamente, por assim dizer, a permanecer tão sensível a essas vibrações pertencentes ao reino animal. E, ao fazer isso, você os envia para o exterior como seus embaixadores para os seus seguidores, tornando a tarefa deles mais difícil, assim como a sua, por treinar essas minúsculas vidas para o mal e não para o bem. E assim a tarefa de cada homem que está lutando para melhorar também é dificultada por esse aumento das moléculas que vibram com as paixões inferiores. E embora isso seja verdade no grau mais terrível da ingestão de álcool (que age como um veneno ativo, saindo de cada um que o ingere), também é verdadeira essa animalização do corpo humano, em vez de embelezamento e espiritualização dele. Estamos mantendo o plano da humanidade mais baixo por essa constante degradação do eu animal.

Quando então você virá a pensar na evolução da alma em

si mesma, qual é o seu objetivo na vida? Por que você está aqui? Para que você está vivendo? Há apenas uma coisa que justifica a vida do homem, apenas uma coisa que responde a tudo o que é mais nobre nele e lhe dá uma sensação de satisfação e de dever cumprido. É essa coisa é quando ele faz de sua vida uma oferta constante de ajuda ao mundo e quando cada parte de sua vida é tão controlada que o mundo pode ser melhor pela sua presença nele e não pior. Na alma, no pensamento, no corpo, o homem é responsável pelo uso que faz da sua vida. Não podemos nos separar dos nossos irmãos; não deveríamos desejar fazê-lo, mesmo se pudéssemos, pois este mundo está ascendendo lentamente em direção a um ideal divino, e cada alma que reconhece o fato deve dar sua própria mão para elevar o mundo. Você e eu estamos ajudando o mundo a elevar-se ou puxando o mundo para baixo. Com cada dia de nossas vidas, estamos dando a ele uma força para a escalada ou estamos sendo entraves para esse crescimento ascendente. E toda alma verdadeira deseja ser uma ajuda e não um obstáculo, ser uma bênção e não uma maldição, estar entre os criadores do mundo e não entre aqueles que o degradam. Toda alma verdadeira deseja isso, seja ou não suficientemente forte para colocar o desejo em ação. E não devemos, pelo menos, colocar diante de nós como ideal essa sublime concepção de ajuda, e culparmo-nos sempre que cairmos abaixo dele, seja na alimentação do corpo ou no treinamento da mente?

Pois me parece, olhando para o homem à luz da teosofia, que tudo o que faz a vida valer a pena é essa cooperação com a vida divina na natureza, que está gradualmente moldando o mundo numa imagem mais nobre e fazendo-o crescer cada vez mais e mais próximo de um ideal perfeito. Se pudéssemos fazer homens e mulheres ver isso, se pudéssemos fazê-los responder ao pensamento de tal poder ao seu próprio lado, se eles reconhecessem essa força divina que está neles para ajudar na criação de um mundo, compartilhar a evolução de um universo, se eles pudessem entender que este mundo neles, colocado como está em suas mãos e a seu cargo, que o crescimento do mundo depende deles, que a evolução do mundo jaz sobre eles, e que se eles não ajudarem, a própria vida divina não pode encontrar instrumentos para trabalhar neste plano material – se eles percebessem que, então, com muitas quedas, seus rostos se voltariam para o alto; com muitos erros, erros e fraquezas, ainda assim eles seriam voltados para a direção certa e estariam olhando para o ideal que desejam realizar. E assim, na mente e no corpo, em seu trabalho no mundo interior da força, como no mundo exterior da ação, a única ideia dominante seria: Será que esse ato e pensamento meu fará o mundo melhor ou pior, vai elevá-lo ou abaixá-lo, ajudará meus semelhantes ou os atrapalhará? O poder da alma será usado para aumentar ou diminuir? Se esse pensamento fosse a força central da vida, mesmo esquecendo-o ou fracassando, a alma retomaria o esforço e se recusaria a ceder porque tantas vezes fracassara. Se todos pudéssemos fazer isso e pensar assim, e ganhar outros para agir assim, a tristeza passaria por longe da Terra, e os gritos, a angústia e a miséria da existência senciente diminuiriam. Então, do homem, tornando-se um com a lei divina, o amor irradiar-se-ia pelo mundo e o traria a uma harmonia mais nobre. E cada um que vira o rosto nessa direção, cada um que purifica seu próprio pensamento, seu próprio corpo, sua própria vida, é um colega de trabalho da vida interior do mundo, e o desenvolvimento de seu próprio espírito virá como recompensa do trabalho que ele fez para a ajudar o mundo.

Contontos assombrosos de Blavatsky

Apresentação

Na presente seção, pretendemos apresentar uma série de contos fantasmagóricos escritos magistralmente por Blavatsky em seu livro *The Nightmare Tales* (Os contos de Pesadelo). Além de transmitirem subliminarmente lições ocultistas e morais relevantes, as histórias, que se seguirão a cada novo volume da presente série de Luzes da Teosofia, deverão prender a atenção e a respiração dos leitores, sendo garantia de divertimento saudável. Ao ler cada narrativa, o leitor facilmente se ligará a uma ou mais personagens, sendo essa conexão e aquela entre diversão e ética que faz, à semelhança das fábulas bem contadas, o leitor perceber facilmente que está diante de um clássico e não desperdiçando o seu tempo com uma história mal contada.

Da introdução original do livro, extraímos as seguintes palavras de Annie Besant:

> O mundo conhece HPB principalmente por seu conhecimento enciclopédico, seus poderes ocultos e a sua coragem única. Este livrinho, composto de

histórias produzidas por ela em seus momentos mais descontraídos, mostra-a como uma escritora espirituosa, dotada de imaginação brilhante. O estudante terá vislumbres da realidade sob o disfarce da fantasia e saberá que apenas a mão de um ocultista poderia ter dado certos toques às imagens retratadas.

The Nightmare Tales foram reescritos durante os últimos meses da dolorosa vida da autora: quando cansada com a labuta enfadonha do *Glossário Teosófico*, ela, que não podia ficar ociosa, voltou-se para este trabalho mais leve e encontrou nele diversão e relaxamento. Seus amigos de todas as partes do mundo darão as boas-vindas a este exemplo tão raro de utilização de dons em meio a tensão do trabalho mais duro.

O Escudo Luminoso[48]

H. P. Blavatsky
Tradução: Edilson A. Pedrosa

Éramos um grupo pequeno e seleto de viajantes despreocupados. Havíamos chegado a Constantinopla uma semana antes, vindos da Grécia, e passeávamos catorze horas por dia, desde então, subindo e descendo as íngremes ladeiras de Pera, visitando bazares, empoleirando-se no topo de minaretes e abrindo caminho em meio a exércitos de cães famintos, os donos tradicionais das ruas de Istambul. A vida nômade é contagiosa, como dizem, e nenhuma civilização é suficientemente forte para destruir o encanto da liberdade desenfreada quando já foi provada. O cigano não pode viver sem a sua tenda, e até mesmo o mendigo comum encontra um fascínio em sua existência sem conforto e precária que o impede de adotar qualquer morada ou ocupação fixas. Evitar que meu perdigueiro Ralph caísse vítima desse contágio e se juntasse aos beduínos da sua espécie que infestam as ruas era minha principal preocupação durante nossa estada em Constantinopla. Ele era um bom camarada, meu companheiro constante e querido amigo. Com medo de perdê-lo, mantive uma vigilância rigorosa sobre seus movimentos. Nos primeiros três dias, porém, ele se comportou como um quadrúpede razoavelmente bem educado e permaneceu fielmente junto aos meus calcanhares. A cada ataque impudente de seus primos

[48] Título original *The Luminous Shield*, encontrado em Nightmare Tales by H. P. Blavatsky, publicado pela Theosophical Publishing Society, New York, 1892 e reeditado pela Theosophical University Press, acessível em *https://www.theosociety.org/pasadena/nightmar/night-hp.htm*.

maometanos, quer fosse uma demonstração de hostilidade ou amizade, sua única resposta era pôr o rabo entre as pernas e, com um ar de modesta dignidade, procurar proteção de um ou outro do nosso grupo.

Como ele se manteve assim desde o princípio, mostrando decidida aversão a má companhia, comecei a confiar na sua discrição e, até o final do terceiro dia, já tinha relaxado consideravelmente minha vigilância. Esse descuido de minha parte, no entanto, levou-me a ser logo punida, e fui levada a lamentar meu excesso de confiança. Em um momento de descuido, ele ouviu a voz de alguma sereia de quatro patas, e a última coisa que vi dele foi a ponta de sua cauda peluda desaparecendo na esquina de um beco pequeno e sujo.

Muito irritada, passei o resto do dia numa busca infrutífera por meu companheiro mudo, tendo oferecido vinte, trinta, quarenta francos de recompensa a quem o achasse. Uma corja de vagabundos começou imediatamente uma perseguição regular e, à noitinha, o nosso hotel foi invadido por toda a tropa, cada homem trazendo em seus braços o seu cão sarnento, tentando me persuadir de que era o meu cachorro perdido. Quanto mais eu negava, mais solenemente eles insistiam. Um deles, de fato, se ajoelhou e arrancou de seu peito uma velha e corroída imagem de metal da Virgem, jurando solenemente que a própria Rainha do Céu havia lhe aparecido gentilmente para indicar-lhe qual era o verdadeiro o animal. O tumulto havia aumentado tanto que parecia que o desaparecimento de Ralph seria a causa de um pequeno motim, até que nosso hoteleiro precisou mandar vir finalmente dois *kavasses* [policiais] da delegacia de polícia mais próxima para expulsar esse regimento de bípedes e quadrúpedes por meio da força. Comecei a convencer-me de que jamais voltaria a ver o meu cão e fiquei ainda mais desanimada depois que o porteiro do hotel, um velho bandido semirrespeitável que, a julgar pelas aparências, não tinha passado menos que meia dúzia de anos na cadeia, assegurou-me que todo o meu sofrimento era inútil, já que meu perdigueiro estava, a essa altura, morto e devorado pelos cães turcos, que gostam muito de seus irmãos ingleses, mais apetitosos.

Toda essa discussão havia ocorrido na rua, à porta do hotel, e eu estava prestes a desistir da busca, pelo menos por aquela noite e entrar no hotel, quando uma velha senhora grega, uma *fanariote*[49] que ouvira a confusão dos degraus de uma porta próxima, aproximou-se de nosso grupo desconsolado e sugeriu à srta. H..., uma pessoa de nosso grupo, que consultássemos os dervixes sobre o destino de Ralph.

E o que os dervixes podem saber sobre o paradeiro do meu cachorro? disse eu sem humor para brincar, parecendome ridícula a proposta.

"Os homens santos sabem tudo, *Kyrea* (Madame)", objetou a anciã um tanto misteriosamente. "Na semana passada tive roubado o xale novo de cetim que meu filho tinha acabado de trazer de Bursa, o qual, como todos veem, eu recuperei e o tenho nas minhas costas agora."

"Realmente? Então, a julgar pela aparência, os homens santos também conseguiram transformar em velho o seu xale novo", acrescentou um dos cavalheiros que nos acompanhava, apontando enquanto falava para um grande remendo preso com alfinetes no xale nas costas da anciã.

"E essa é justamente a parte mais maravilhosa de toda a história", retrucou calmamente a *fanariote* com altivez. "Eles me mostraram, no círculo brilhante (*shining circle*, no original),[50] o bairro da cidade, a casa e até o quarto em que o judeu que havia roubado minha peliça estava prestes a rasgá-la e cortá-la em pedaços. Meu filho e eu mal tivemos tempo de correr para o bairro de Kalindjikoulosek e salvar a minha propriedade. Nós pegamos o ladrão no ato, e nós dois o reconhecemos como o homem mostrado a nós pelos dervixes na lua mágica. Ele confessou o roubo e agora está na prisão."

Embora nenhum de nós tivesse a menor ideia do que ela queria dizer com a lua mágica e o círculo brilhante, estávamos

[49] Encontramos, na Wikipédia, a informação de que os *phanariots*, ou *phanariot* (em grego, *phanariotes*), eram membros de famílias aristocráticas gregas que viviam no distrito de Fanari (Phanar). Este era o principal distrito dos gregos em Constantinopla, onde estava a sede do Patriarcado Ecumênico de Constantinopla. Os fanariotes dominavam a administração do Patriarcado e frequentemente intervinham na eleição dos altos prelados, incluindo o Patriarca Ecumênico de Constantinopla, que tinha o status de "Primeiro entre pares" no mundo dos bispos ortodoxos. (N.T.)

[50] *Shining circle* no original, uma espécie de espelho mágico – (N.T.)

completamente perplexos com a sua descrição dos poderes divinos dos "homens santos" e sentíamo-nos, ainda assim, confiantes de que a sua história não era de todo uma invenção, e como ela aparentemente recuperara a sua propriedade ao ser assistida, de algum modo, pelos dervixes, decidimos ir na manhã seguinte conferir tudo por nós mesmos, pois o que a ajudara poderia nos ajudar de igual maneira.

O grito monótono dos muezins do alto dos minaretes acabara de proclamar a hora do meio-dia, quando nós, descendo da colina de Pera até o porto de Gálata, conseguimos, com dificuldade, abrir caminho entre a multidão repulsiva do bairro comercial da cidade. Antes de chegarmos às docas, ficamos meio ensurdecidos pelos gritos e incessantes clamores e pela confusão de línguas daquela Babel. Nessa parte da cidade, é inútil tentar orientar-se pelo número de casas ou pelo nome de ruas. A localização de qualquer lugar desejado é indicada por sua proximidade com algum outro edifício mais conhecido, uma mesquita, um banho turco ou uma loja europeia; de resto, é confiar em Alá e no seu profeta.

Foi com a maior dificuldade, portanto, que finalmente descobrimos a loja de artigos importados britânicos, atrás da qual encontramos o local de nosso destino. O guia do nosso hotel sabia tão pouco sobre a morada dos dervixes quanto nós mesmos. Mas, por fim, um garoto grego, em toda a singela nudez nativa, consentiu em levar-nos aos dervixes dançarinos, mediante o pagamento de uma modesta moeda de cobre.

Quando chegamos, fomos levados a um salão vasto e sombrio que parecia um estábulo vazio. O piso era comprido e estreito e estava densamente coberto de areia como numa escola de equitação. Era iluminado apenas por pequenas janelas colocadas bem no alto. Os dervixes tinham terminado suas performances matinais e evidentemente descansavam de seus cansativos trabalhos. Eles pareciam totalmente extenuados, alguns deitados nos cantos, outros sentados em seus calcanhares olhando vagamente para o espaço, meditando, como fomos informados, sobre a sua divindade invisível. Eles pareciam ter perdido a visão e a audição, pois nenhum deles respondia às nossas perguntas, até que uma figura grande e esquelética, usando um grande turbante, que a fazia parecer ter pelo menos dois metros de altura, emergiu de um canto escuro. Informando-nos que era o superior daquela comunidade, o gigante deu-nos a entender que os santos irmãos, tendo o hábito de receber ordens do próprio Alá para cerimônias adicionais, não deveriam ser perturbados de forma alguma. Mas, quando nosso intérprete lhe explicou o objetivo de nossa visita, que dizia respeito somente a ele, pois que era o único guardião da "vara divinatória", suas objeções desapareceram, e ele estendeu a mão para pedir a esmola de praxe. Após ser gratificado, sugeriu que apenas a duas pessoas de nossa comitiva poderia ser revelado o futuro, tendo sido escolhidos a srta. H e eu.

Mergulhando atrás dele no que parecia ser uma passagem semissubterrânea, fomos levados até o pé de uma escada alta que conduzia a uma câmara sob o telhado. Subimos atrás de nosso guia e, no topo, nos encontramos em um sótão miserável de tamanho moderado, com paredes nuas e sem mobília. O chão estava coberto por espessa camada de poeira, e teias de aranha enfeitavam as paredes numa confusão negligenciada. No canto, vimos algo que, a princípio, confundi com um monte de farrapos velhos; mas a pilha de trapos se moveu e se apoiou nas próprias pernas, avançou até o meio da sala e parou diante de nós, a criatura de aparência mais extraordinária que já vi. Seu sexo era feminino, mas se era mulher ou criança, era impossível decidir. Era uma anã de aparência medonha, com uma cabeça enorme, os ombros de um granadeiro e uma cintura proporcional. O todo sustentado por duas pernas curtas e magras, como se fossem de aranha, pareciam incapazes de suportar o peso do corpo monstruoso. Ela tinha um semblante sorridente como o rosto de um sátiro e estava ornamentado com letras e sinais do Alcorão pintados de amarelo vivo. Na sua fronte havia um crescente vermelho-sangue; a sua cabeça era coroada com um barrete, ou fez, empoeirado; suas pernas estavam vestidas com grandes bombachas turcas; um pouco de musselina branca e suja enrolada em seu corpo mal dava para esconder as suas horríveis deformidades. Essa criatura, mais do que se sentar, deixou-se cair no meio do piso, e quando seu peso desceu sobre as tábuas frágeis, enviou uma nuvem de poeira que nos fez tossir e espirrar. Era a famosa Tatmos, conhecida como o oráculo de Damasco!

Sem perder tempo em conversas fúteis, o dervixe pegou um pedaço de giz e traçou um círculo com cerca de um metro e oitenta de diâmetro ao redor da menina. Tirando de trás da porta doze pequenas lâmpadas de cobre, ele as encheu com um líquido escuro de uma pequena garrafa que ele retirou de seu peito, colocando-as simetricamente ao redor do círculo mágico. Ele, então, tirou um pedaço de madeira de um painel da porta meio arruinada, a qual trazia as marcas de muitas depredações semelhantes, e, segurando a lasca entre o polegar e o dedo indicador, começou a soprá-la em intervalos regulares, alternando o sopro com murmúrios de algum tipo de encantamento estranho, até que de repente, e sem qualquer causa aparente para o ocorrido, surgiu uma faísca na lasca que começou a arder como se fosse um fósforo aceso. O dervixe acendeu então as doze lamparinas com esta chama autogerada.

Durante esse processo, Tatmos, que até então estava sentada totalmente despreocupada e imóvel, tirou os chinelos amarelos dos pés descalços e jogou-os em um canto, revelando uma beleza adicional: um sexto dedo em cada um dos pés deformados. O dervixe, por sua vez, entrou no círculo e agarrou os tornozelos da anã, dando-lhe um solavanco, erguendo-a do chão como se estivesse levantando uma sacola de milho e, então, recuando um passo, segurou-a de cabeça para baixo. Ele a sacudiu como se fosse um saco de embalagem, num movimento regular e calmo. Então, girou-a para lá e para cá como se fosse um pêndulo, até que o impulso necessário fosse adquirido, quando soltou um pé e agarrou o outro com ambas as mãos e, fazendo um poderoso esforço muscular, girou-a no ar como se ela fora um clube indiano.[51]

Minha acompanhante recuou sobressaltada para o canto mais distante. Girando e girando, o dervixe balançava o seu fardo vivo, enquanto ela permanecia perfeitamente passiva.

[51] Clubes indianos formavam um equipamento de exercício típico do século XIX, que consistia de tacos de madeira em forma de pino de boliche, de tamanhos e pesos variados, que eram balançados pelo atleta segundo certos padrões como parte de um programa de exercícios de força e mobilidade. (N.T.)

A rapidez do movimento aumentou até que o olho mal podia seguir o corpo em seu circuito. Isso continuou talvez por uns dois ou três minutos, até que, reduzindo gradualmente o movimento, ele finalmente parou e, em um instante, colocou a garota de joelhos no meio do círculo iluminado por uma lamparina. Tal era o modo oriental de mesmerização praticado entre os dervixes.

E agora a anã parecia inteiramente alheia aos objetos externos e em transe profundo. Sua cabeça e o queixo caíram sobre o peito, seus olhos estavam vidrados e fixos, e a sua aparência geral era ainda mais horrorosa do que antes. O dervixe então fechou cuidadosamente as venezianas da única janela, e teríamos ficado na total escuridão se não fosse um furo na janela, através do qual entrava um raio luminoso de Sol que atravessava a sala escura e brilhava sobre a garota. Ele arrumou a cabeça caída para que o raio incidisse sobre a coroa, após o que, fazendo-nos sinal para permanecer em silêncio, cruzou os braços sobre o peito e, fixando o olhar no ponto luminoso, ficou imóvel como uma estátua de pedra. Eu também fixei meus olhos no mesmo lugar, imaginando o que aconteceria em seguida e como toda essa estranha cerimônia se realizara para me ajudar a encontrar Ralph.

Gradativamente, a mancha brilhante, como se tivesse sugado do raio de sol um esplendor ainda maior vindo de fora e condensado-o dentro de sua própria área, transformou-se numa estrela brilhante que enviava raios em todas as direções a partir de um foco.

Ocorreu, então, um curioso efeito óptico: a sala, que antes era parcialmente iluminada pelo raio de sol, tornou-se mais e mais escura à medida que a estrela crescia em esplendor, até nos encontrarmos numa escuridão egípcia.[52] A estrela cintilou, tremeu e girou, primeiro com um movimento lento, depois mais e mais rápido, aumentando sua circunferência a cada rotação até formar um disco brilhante, e não mais víamos a anã, que parecia ter sido absorvida por sua luz. Tendo gradualmente atingido uma velocidade extremamente rápida, tal como acontecera à garota quando girada pelo dervixe, o

[52] Uma provável referência à nona praga do Egito, descrita em Êxodo 9:21, que consistiu de três dias de total escuridão, "trevas que se podiam apalpar." (N.T.)

movimento começou a diminuir e finalmente se fundiu numa vibração fraca, como o brilho dos raios do luar na água ondulante. Então, piscou por um momento a mais, emitiu os últimos *flashes* e, assumindo a densidade e a iridescência de uma imensa opala, permaneceu imóvel. O disco irradiava agora um brilho lunar, suave e prateado; mas, em vez de iluminar o sótão, parecia apenas intensificar a escuridão. A borda do círculo não era penumbrosa; mas, pelo contrário, era bem definida como a de um escudo de prata.

Estando tudo pronto agora, o dervixe, sem dizer uma palavra e sem desviar o olhar do disco, estendeu a mão e pegou a minha; ele me puxou para o seu lado e apontou para o escudo luminoso. Olhando para o lugar indicado, vimos grandes manchas surgirem, como as da lua. Estas gradualmente transformaram-se em figuras que começaram a se mover em alto relevo em suas cores naturais. As figuras não pareciam fotografia nem gravura e ainda menos o reflexo de imagens num espelho; mas era como se o disco fosse um camafeu, e elas tivessem três dimensões, levantadas acima de sua superfície e dotadas de vida e movimento. Para meu espanto e comoção de minha amiga, reconhecemos a ponte que leva de Gálata a Istambul, atravessando o Corno de Ouro, da cidade nova para a velha. Havia pessoas correndo de um lado para o outro, vapores e caíques alegres deslizando no Bósforo azul, muitos edifícios coloridos, vilas e palácios refletidos na água; e toda a imagem iluminada pelo Sol do meio-dia. A imagem era panorâmica, e tão vívida era a impressão que causava que não saberíamos dizer se era aquilo que se movia ou éramos nós que estávamos em movimento. Tudo era azáfama e vida, mas nenhum som rompia a quietude opressiva. Era silencioso como um sonho. Era uma foto fantasma. Rua após rua e quarteirão após quarteirão sucediam-se uns aos outros; havia o bazar, com suas passagens estreitas e cobertas de telhados, as pequenas lojas de ambos os lados, as cafeterias com turcos que fumavam solenemente; e, quando passaram por nós ou nós passamos por eles, um dos fumantes perturbou o narguilé e o café de outro, e uma saraivada de insultos silenciosos nos proporcionou grande divertimento. Assim, viajávamos com o camafeu até chegarmos a um grande edifício que reconheci como o palácio do Ministro das Finanças. Num fosso traseiro e perto de uma mesquita, deitado em uma poça de lama com seu casaco de seda todo sujo, repousava meu pobre Ralph! Ofegante e agachado como se estivesse exausto, parecia estar morrendo; e perto dele estavam reunidos alguns lastimáveis vira-latas que se aqueciam ao Sol e caçavam moscas!

Eu tinha visto tudo o que desejava, embora não tivesse dito ao dervixe nenhuma palavra sobre o cão, e tinha vindo mais por curiosidade do que com a esperança de algum sucesso. Estava impaciente para partir imediatamente e resgatar Ralph; mas, como minha acompanhante suplicou-me para que permanecesse mais um pouco, eu consenti com relutância. A cena se desvaneceu, e a srta. H – colocou-se, por sua vez, ao lado do dervixe.

"Vou pensar nele", ela sussurrou em meu ouvido com o tom ansioso que as jovens senhoras geralmente assumem quando falam sobre o seu amado.

Há um longo trecho de areia e um mar azul com ondas brancas dançando ao Sol, e um grande vapor está singrando as águas ao largo de uma costa desolada, deixando uma trilha leitosa atrás dele. O convés está cheio de vida, os homens estão ocupados na frente, o cozinheiro de gorro branco e avental sai da cozinha, policiais uniformizados estão se movendo, os passageiros enchem o convés, descansando, flertando ou lendo, e um jovem que ambas reconhecemos se aproxima e se inclina sobre o corrimão do convés de popa. É ele.

A senhorita H – dá um pequeno suspiro, cora e sorri e concentra os seus pensamentos novamente. A imagem do barco desaparece; a lua mágica permanece por alguns momentos em branco. Mas novos pontos aparecem em sua face luminosa, vemos uma biblioteca emergindo lentamente de suas profundezas – uma biblioteca com tapetes e tapeçarias verdes, bem como prateleiras de livros nas laterais da sala. Sentado numa cadeira de uma mesa sob uma lâmpada dependurada, está um velho cavalheiro escrevendo. Seus cabelos grisalhos são penteados para trás, o rosto está barbeado e seu semblante tem uma expressão de benignidade.

O dervixe fez um movimento apressado para ordenar o silêncio; a luz no disco treme, mas retoma seu brilho constante e, novamente, sua superfície fica sem imagem por um segundo.

Estamos de volta a Constantinopla agora e fora do perolado; as profundezas do escudo formam nosso próprio apartamento no hotel. Lá estão os nossos papéis e livros na cômoda, o chapéu de viagem de minha amiga em um canto, suas fitas penduradas no vidro e, disposto na cama, o vestido que ela havia mudado quando começamos nossa expedição. Não faltava nenhum detalhe para a completa identificação; e como se fosse para provar que não estávamos vendo algo tirado de nossa imaginação, lá estavam sobre a penteadeira duas cartas não abertas, cuja caligrafia foi claramente reconhecida pelo minha amiga. Elas eram de um parente muito querido dela, a quem ela esperava ouvir quando em Atenas, mas que não conseguira. A cena esvaneceu-se e vimos agora o quarto de seu irmão com ele deitado num sofá e um criado banhando a sua cabeça, de onde, para nosso horror, o sangue escorria. Nós havíamos deixado o jovem em perfeita saúde um pouco mais de uma hora antes; e, ao ver essa imagem, minha companheira soltou um grito de inquietação e, pegando-me pela mão, arrastou-me até a porta. Nós voltamos a nos reunir ao nosso guia e aos amigos no longo corredor e corremos de volta para o hotel.

O jovem irmão da srta. H havia caído da escada no andar de baixo e cortado seriamente a testa; no nosso quarto, na penteadeira, estavam as duas cartas que chegaram em nossa ausência. Elas vieram de Atenas. Pedindo uma carruagem, dirigi-me imediatamente ao Ministério das Finanças e, desembarcando com o guia, corri para a vala que vira pela primeira vez no disco brilhante! No meio da poça, seriamente mutilado, meio faminto, mas ainda vivo, jazia meu lindo perdigueiro Ralph, rodeado de outros cães de mau aspecto que caçavam moscas despreocupadamente.

Helena P. Blavatsky[53]

Helena P. Blavatsky em 1889

(1831-1891). Escritora prolífica sobre religião comparada, mitologia e assuntos esotéricos e principal fundadora da Sociedade Teosófica (ST). Como parte de um movimento maior para restabelecer a sabedoria intemporal de inúmeros videntes e sábios, Helena Petrovna Blavatsky foi chamada de a maior esoterista da história da civilização ocidental e uma "agente direta da irmandade transhimalaica de adeptos" pelo editor de seus *Collected Writings* [Escritos Coletados], Boris de Zirkoff. HPB, como mais tarde ficou conhecida por seus alunos, nasceu em 12 de agosto de 1831[54] em Ekaterinoslav, Rússia (atual Dnepropetrovsk, Ucrânia). Ela era filha do coronel Peter Alexeyevich von Hahn (1798-1873) e Helena Andreyevna de Fadeyev (1814-1842), uma renomada romancista. Quando batizada como bebê, o manto do sacerdote oficiante pegou fogo por causa de uma vela, um sinal aparente da oposição fervorosa que ela deveria liderar à religião sectária e sacerdotal. Quando criança, Bla-

[53] Fonte: *Theosopedia*, em http://theosophy.ph/encyclo/index.php?title=Blavatsky,_Helena_Petrovna. Tradução: Edilson A. Pedrosa.
[54] 31 de julho pelo calendário juliano adotado na Rússia (N.T.).

vatsky era dotada de notável sensibilidade psíquica e uma mente brilhante. Esta última foi cultivada por meio de uma busca intensa dos livros de metafísica na biblioteca de seu avô. Seus poderes psíquicos foram controlados posteriormente com a ajuda de seus instrutores orientais. Para aqueles que a cercavam na juventude, seu comportamento parecia estranho, mas para os moleques de rua com quem ela preferia brincar, ela era intrigante. A família mudou-se para Saratov depois que sua mãe morreu, viajando em parte de camelo e encontrando alguns budistas *calmuques*.[55] A velha mansão em que se instalaram tinha passagens subterrâneas que as crianças adoravam explorar. A irmã de HPB costumava contar como Helena poderia ser encontrada lendo um livro conhecido como "Sabedoria de Salomão", escondida em meio a uma torre de cadeiras empilhadas na velha mansão campestre. Ela amava mergulhar no folclore e nos contos de fada contados por um servo idoso. Ela podia presentear seus companheiros de brincadeiras com histórias de criaturas antediluvianas, *psicometrizadas*[56] a partir de relíquias petrificadas encontradas num terreno arenoso perto da vila do governador. Seu dom para a narrativa descritiva aparece em sua ficção adulta, tais como "The Ensouled Violin" e outros *Nightmare Tales*. (London: Theosophical Publishing Society, 1892; reimpresso em *The Tell-Tale Picture Gallery*, Los Angeles: Theosophy Company, n.d.). Ela se tornou uma talentosa linguista, capacitada

[55] *Kalmuck*, ou *Kalmyk*, é um povo mongol que reside ainda hoje principalmente na república de Kalmykiya, no sudoeste da Rússia. Os *calmuques* são, por longa tradição, pastores nômades. Eles criam cavalos, gado, ovelhas, cabras e alguns camelos. É o único povo da Europa cuja religião nacional é o budismo. A religião budista foi trazida para o Império russo pelas tribos oirates da Mongólia no século que migraram para a região em 1609 devido a perseguições em seu país de origem. (N.T.).

[56] Psicometria é a prática paranormal de receber informações diretamente de objetos físicos e usá-las em "adivinhações". Muitos objetos, tais como fotografias, joias, vestes e diversas outras coisas, podem ser lidos dessa maneira. As informações recebidas por intermédio da psicometria podem incluir experiências que o indivíduo fotografado teve ou fornecer pistas sobre o paradeiro do indivíduo. Joias e outros objetos *psicometrizados* podem revelar informações sobre as pessoas que os possuíram ou usaram. A psicometria prescinde da mediunidade, pois é uma percepção direta, e sua eficácia não depende da ajuda de espíritos, anjos ou de outras entidades desencarnadas. Entretanto, alguns espiritistas utilizam a psicometria de objetos pessoais para contatar as almas dos mortos que outrora os possuíram ou manusearam, sendo prática muito comum entre aqueles que trabalham com as tradições afro-americanas de veneração ancestral. (N.T.).

pianista e artista.

Em 1849, para desafiar sua governanta, ela se casou com Nikifor Vassilyevich Blavatsky, de 40 anos (1809-?). Dentro de alguns meses, ela o deixou para viajar pela Turquia, Grécia, Egito e França, cumprindo seus anseios ardentes pelos segredos e causas subjacentes do universo. Ela estava procurando resposta para duas perguntas recorrentes: "Onde, quem, o que é Deus?" e "Quem viu o espírito imortal do homem, para poder assegurar-se da sua imortalidade?" (IU I: vi) [IU é uma referência ao livro Ísis Sem Véu na versão inglesa – NT].

No início de 1851, HPB sofreu uma profunda depressão, desesperando-se quanto à possibilidade de ela compreender a "pedra filosofal". Em um momento crítico, numa ponte com vista para o rio Tâmisa, a voz reconfortante de seu Mestre prometeu triunfo em sua busca (H.P.B. Speaks, editado por C. Jinarājadāsa, Vol. II, Adyar: TPH, 1951, 66-67).

Helena P. Blavatsky em 1884

Alguns meses após esse encontro profético, Blavatsky declarou que, em 1851, em seu 20° aniversário, conheceu seu mestre em Londres. Ele estava viajando com uma delegação de príncipes indianos. Reconhecendo nele o auge da perfeição humana e aquele que a protegera desde a infância, ela conversou várias horas com ele no Hyde Park. De acordo com a condessa Wachtmeister, esse imponente iniciado de Rajput delineou uma grande obra de alcance mundial a ser realizada por ela, "por causa de seus grandes poderes intelectuais e mentais e porque ela nasceu num país que é parcialmente oriental e ocidental", bem como por seus poderes psíquicos. O Mestre Morya, como mais tarde se tornou conhecido, preveniu-a de uma situação repleta de grande provação, até mesmo perseguição, no que diz respeito à Sociedade que ele pediu que ela formasse (ver *The Irish Theosophist*, 15 de junho de 1894, Vol. II, p. 128).

Ela deu continuidade às suas viagens pela América, Ceilão e Índia, em busca da verdade sobre o universo e o homem. '*Incidentes na Vida de Madame Blavatsky*', de Alfred Percy Sinnett (Londres: Redway 1886, p. 62) retrata sua desilusão com uma tribo de indígenas em Quebec, com cujos curandeiros ela tinha conversado em 1851. Quando eles roubaram seus pertences e botas preciosas, ela percebeu que eles tinham sido corrompidos por missionários cristãos. Do Canadá, ela foi para o sul, para Nova Orleans, para estudar a prática do vodu. Advertida, em uma visão, dos perigos que correria, ela preferiu prosseguir e foi para o México, via Texas. Sinnett escreve:

"Assim, de um jeito ou de outro, Madame sempre conseguia sair ilesa. No retrospecto, jovem como era naquela época, parece um milagre que ela que tenha sido capaz de levar a vida selvagem em que estava embarcada sem realmente incorrer em desastres... Ela passou por comunidades rústicas de todos os tipos, selvagens e civilizadas, e parece ter sido protegida de danos, como seguramente foi protegida, pela força de seu próprio destemor e por seu feroz desprezo por todas as considerações, ainda que remotas, associadas com o 'magnetismo do sexo'" (op. cit., p. 64).

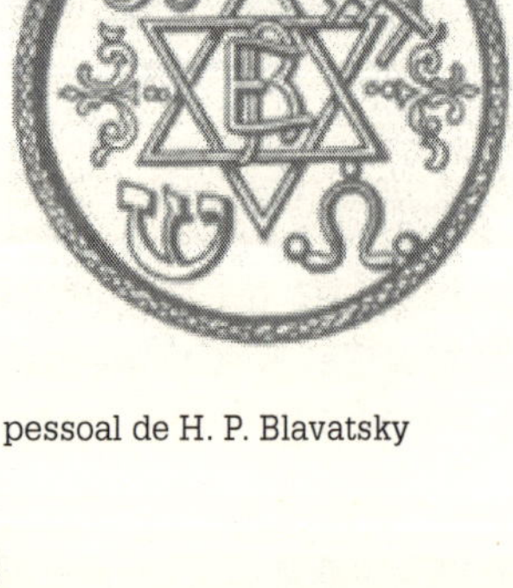

Selo pessoal de H. P. Blavatsky

Em 1852, depois de longas viagens pelas Américas Central e do Sul, conheceu em Copán, Honduras, um hindu que deveria acompanhá-la à Índia, juntamente com um cavalheiro inglês que se juntou a eles nas Índias Ocidentais. Infelizmente, os nomes de seus companheiros de viagem permanecem desconhecidos. Por algum tempo, ela viajou pela Índia vestida de homem. Dr. Albert Leighton Rawson é uma importante testemunha de suas viagens. HPB conhecera-o no Cairo, Egito. Em 1878, Rawson publicou uma carta citando vários amigos seus que a conheceram na Índia: "[Alguns] de meus conhecidos encontraram Madame Blavatsky no Extremo Oriente; outros já ouviram falar de sua permanência por lá; por exemplo, o eminente médico e cirurgião David E. Dudley, M.D., de Manila; Sr. Frank A. Hill, de Boston, Massachusetts, que esteve na Índia por alguns anos..." (*The Extraordinary Life and Influence of Helena Blavatsky*, por Sylvia Cranston. Nova York: Putnam's, 1993, p. 51).

Sua primeira tentativa de chegar ao Tibet falhou. O Major General C. Murray disse a Henry Steel Olcott, em 3 de março de 1893, que ele próprio frustrou os planos dela em seu segundo esforço para cruzar a fronteira em 1854 (*Traces of HP Blavatsky*, The Theosophist, abril de 1893, pp. 4-9).

Sobre as suas vastas viagens, HPB depois escreveu ao príncipe Dondoukov: "Eu convivi com os dervixes rodopiantes, os drusos do Monte Líbano, os árabes beduínos e os marabutos de Damasco..." (*H. P. B. Speaks*, Vol. 2, p. 65). Depois de atravessar as Montanhas Rochosas da América numa carroça coberta em 1854, ela partiu novamente para a Índia no final de 1855. Viajando pela Caxemira e Ladaque, ela finalmente chegou ao Tibete, para submeter-se aos antigos mistérios com seu Mestre (ver Cranston, Parte III, pp. 58-9 e segs.) Muitos incidentes sobre a sua segunda viagem à Índia e ao Tibete foram registrados em Caves and Jungles of Hindostan (Wheaton, Illinois: Theosophical Publishing House, 1975). Esses contos apareceram originalmente sob o pseudônimo de Radda Bai no Moskovskiya Vedomosty (Moscow Chronicle) entre 1879-1882 e foram republicados no Russkiy Vestnik (Mensageiro Russo) pelo mesmo editor, Mihail N. Katkov. O instrutor de Blavatsky é chamado de Thākur Gulāb-Lal-Singh nesses contos fictícios. Acompanhada por um xamã tártaro, entre 1856-57, suas viagens a levaram por toda a Índia, Caxemira, partes do Tibete, Birmânia, Sião e Assam. Mais tarde, na Birmânia, ela foi curada de febre severa por um nativo daquele país.

Retornando à Europa via Java em 1858, ela finalmente chegou em sua Rússia natal no final do outono de 1858. Durante os anos seguintes, exibiu à sua família muitos de seus poderes internos, atraindo inúmeros visitantes interessados em suas habilidades psíquicas. Ela foi aconselhada pela Metropolitana de Kiev a usar esses poderes com discernimento, pois, se sabiamente usados, ela poderia fazer muito bem. Durante os anos de 1860 a 1865, ela viveu e viajou pelo Cáucaso, estudando com nativos *kudyani* (mágicos) e aprendendo a curar. Foi durante esse período que ela passou por uma doença misteriosa e começou a controlar seus poderes. Ela mesma afirmou que "Entre a Blavatsky de 1845-65 e. . . 1865-82 há um abismo intransponível "(*H. P. B. Speaks*, II, p. 58).

Deixando a Rússia no outono de 1865, HPB viajou intensamente pelos Bálcãs, Grécia, Egito, Síria e Itália. Juntando-se à causa de Giuseppe Garibaldi, ela foi ferida em meio aos revolucionários na batalha de Mentana, Itália, em três de novembro de 1867. HPB viajou pela Índia de volta ao Tibet, encontrando-se com o Mestre Koot Hoomi pela primeira vez no final de 1868 em sua casa em Little Tibet (agora Western Kashmir). Depois de uma visita a Chipre e a Grécia, onde conheceu o Mestre Hilarion, embarcou para o Egito e, viajando na SS Eunomia, naufragou perto da Ilha Spetsai em quatro de julho de 1871. Estabelecendo-se no Cairo (1871-72) sua tentativa de formar uma Société Spirite [Sociedade Espírita] foi abortada. Ela esperava investigar médiuns e fenômenos, testando as teorias de Allan Kardec sobre o espiritismo; mas apoiou-se em médiuns amadores que fugiram com o dinheiro da Sociedade. Destemida, seu treinamento nas leis ocultas da natureza continuou em viagens por todo o Oriente Médio e Europa Oriental.

Os instrutores adeptos de HPB reconheceram que ela não era perfeita, embora fosse o melhor veículo que puderam encontrar para despertar o Ocidente para as verdades da filosofia oriental. Ela teve a coragem de desafiar tanto os dogmas da teologia quanto os da ciência e opor-se ao materialismo em plena era industrial. Embora rápida às vezes para explodir, ela tinha um grande e misericordioso coração, lealdade extrema aos seus instrutores e um vasto conhecimento, a despeito da falta de educação formal. Em meados do século XIX, as mulheres russas não recebiam a mesma educação que os homens, mas eram ensinadas em casa por suas governantas.

Ela foi traída muitas vezes por amigos e associados de confiança. Às vezes ela reconhecia um inimigo em potencial, mas sabia carmicamente que os indivíduos mereciam uma chance de colaborar em seu trabalho. Ela sabia que o próprio tempo provaria ser o juiz final, e as leis do Universo equilibrariam todos os efeitos no grande esquema das coisas.

Em Paris, na primavera de 1873, ela recebeu ordens de seu mestre para ir a Nova York. Trocando seu bilhete para a primeira classe por ingressos na terceira classe, ela permitiu que uma mãe indigente e seus dois filhos, que tinham sido enganados, chegassem à América. Ela viajou com eles no *steerage*[57] num porão lotado. Ao chegar a Nova York, sozinha em uma cidade estrangeira, HPB manufaturou gravatas e decorou cartões telefônicos para ganhar a vida.

Em 14 de outubro de 1874, ela conheceu o coronel Henry Steel Olcott na fazenda Eddy em Vermont, onde ele estava investigando o espiritismo para o The Daily Graphic. O espiritismo estava em ascensão na América naqueles dias, atraindo até altos funcionários de outros países. Olcott afirmou em *People from the Other World* [Pessoas do Outro Mundo], (Hartford, Connecticut: American Publishing Co., 1875; p. 453), que a "mediunidade de Blavatsky é totalmente diferente da de qualquer outra pessoa que já conheci; pois, em vez de ser controlada por espíritos para fazer a vontade deles, é ela quem parece controlá-los, fazendo-os cumprir as suas ordens."

Sua carreira literária começou no final de 1874 com a defesa das genuínas manifestações espíritas, ao tempo em que se opunha à teoria de "espíritos" como sua fonte, proposta pelo espiritismo. Em Nova York, por volta de agosto de 1875,

[57] *Steerage* (deck de direção) é o andar inferior de um navio onde a carga é armazenada acima do porão fechado. No final do século XIX e início do século XX, foram usados decks de direção para oferecer o menor custo em viagens em navios a vapor, como aconteceu com imigrantes europeus e chineses para a América do Norte. Com privacidade e segurança limitadas, condições sanitárias inadequadas e má alimentação, a embarcação era tida como desumana, sendo posteriormente substituída por "cabines de terceira classe". Fonte: Wikipedia.

HPB também conheceu um jovem advogado, William Quan Judge, que se tornou um de seus aprendizes mais próximos e que acabou sendo o presidente da Sociedade Teosófica Americana. Juntamente com o Coronel Olcott, William Quan Judge e vários outros, HPB fundou The Theosophical Society, em 17 de novembro de 1875. O discurso de abertura foi proferido pelo Presidente Henry S. Olcott. Os principais objetivos da Sociedade foram, conforme dados no apêndice (p. 308) de *The Key to Theosophy [A Chave para a Teosofia]*:

> *primeiro* – formar o núcleo de uma Fraternidade Universal da Humanidade, sem distinção de raça, credo, sexo, casta ou cor;
> *segundo* – promover o estudo de religiões e ciências e da literatura ariana e de outros idiomas orientais;
> *terceiro* – a ser perseguido apenas por uma parcela dos membros da Sociedade – seria investigar as inexplicáveis leis da natureza e os poderes psíquicos do homem.

A primeira grande obra de HPB, *Isis Unveiled* [Ísis sem Véu], (Nova York: J. W. Bouton) foi publicada no outono de 1877 em Nova York, produzindo um tremendo impacto, com 1.000 cópias vendidas em dez dias. Houve elogios do N.Y. Herald Tribune, bem como de outros grandes jornais e revistas. Em Londres, a revista crítica Public Opinion (29 de dezembro de 1877) chamou-a de "uma das mais extraordinárias obras do século XIX". Observando HPB debruçada no trabalho sobre Ísis, Olcott maravilhou-se com o recém-descoberto aprendizado que ela apresentou. Ele escreveu uma longa carta para a tia dela fazendo perguntas sobre a sua educação. Nadya respondeu com um esboço de caráter compacto numa carta datada de 8 de outubro de 1877:

"Ela foi bem educada, mas não aprendeu isso tudo... Mas a riqueza incomum de sua natureza intelectual, a delicadeza e a rapidez de seu pensamento, sua maravilhosa facilidade em compreender, captar e assimilar os assuntos mais difíceis, que exigiriam de qualquer outra pessoa anos de estudo laborioso; ... isso deu a ela uma superioridade incomum... que ela nunca poderia deixar de atrair a atenção geral e a consequente inveja e animosidade de todos aqueles que, em sua trivial inferioridade, sentiam-se feridos pelo esplendor das faculdades e talentos dessa mulher realmente maravilhosa. (Cranston, p. 151)."

HPB escreveu a sua família sobre a mudança que veio a ela ao escrever *Ísis*, mencionando a presença de um hindu que supervisionava sua conduta e seu escrito, junto com suas dificuldades para lidar com uma dupla identidade durante esse período. No Volume I de *Ísis*, intitulado Ciência, Blavatsky examinou os antigos sistemas de filosofia e ciência críptica, desenterrando assim os seus verdadeiros fundamentos. No final do Volume II (Teologia), ela descreveu as tradições ocultas de antigas religiões pré-datando os Vedas e os primeiros ensinamentos jainistas, budistas, egípcios e caldeus; encontrando a mesma corrente esotérica nos posteriores sistemas gnósticos, platônicos, cabalísticos e judaico-cristãos. Blavatsky estabeleceu que "magia é sabedoria espiritual" e que "Um princípio vital comum permeia todas as coisas, e isto é controlável pela vontade humana aperfeiçoada" (IU II: 590).

Em maio de 1878, de acordo com Josephine Ransom (*A Short History of the Theosophical Society* [A Breve História da Sociedade Teosófica]: 1875-1937. Adyar: T.P.H., 1938, p. 106), HPB recebeu ordens de seus mestres para começar os preparativos para a eventual partida para a Índia. Aparentemente, os cofundadores acreditavam que a mudança seria exploratória. Ela nunca retornou aos EUA, mas se tornou cidadã americana em 8 de julho de 1878, antes de partir. Blavatsky explicou mais tarde que era intenção de seus instrutores vitalizar três centros da teosofia no mundo: América, Índia e Europa.

Enquanto Judge permanecia em Nova York, HPB partiu para a Índia com Olcott em 17 de dezembro de 1878, estabelecendo-se primeiro em Bombaim, e editando o seu primeiro jornal, *The Theosophist*. Personagens hindus e budistas proeminentes, incluindo Mahātma Gandhi e Anagarika Dharmapala do Sri Lanka, atribuíram a fé restaurada na Índia e no Ceilão de suas respectivas culturas ariana e budista à influência da ST na Índia. (Um selo especial emitido pelo governo indiano em 1975 comemorou a centésima celebração da fundação da

ST). Em 25 de maio de 1880, HPB e Olcott tornaram-se budistas, ajudando os reformadores cingaleses Megethuvatte Gunananda e Anagārika Dharmapāla em suas lutas contra os missionários, bem como estimulando um renascimento do budismo.

HPB transferiu a sede de Bombaim para Adyar, Madras (Chennai) em 1883. A afiliação indiana cresceu rapidamente, embora alguns brâmanes estivessem relutantes em apoiar uma organização que revelava a existência de seus reverenciados mestres. Alfred Percy Sinnett, editor do jornal colonial britânico The Pioneer, implorou ardentemente o contato com esses augustos seres e finalmente iniciou uma correspondência com eles. Assim começou a série de epístolas abrangendo os anos 1880-1884, editada finalmente por A. Trevor Barker como *The Mahatma Letters to A. P. Sinnett* [*Cartas dos Mahatmas para A. P. Sinnett*] (Londres: T. Fisher Unwin, 1923). Estas cartas, nas quais os mestres Morya e Koot Hoomi abordam numerosas questões sobre o ensino teosófico e assuntos atuais, estão agora guardadas em Londres no Museu Britânico. As primeiras cartas tornaram-se a base dos livros de Sinnett, *The Occult World* [O Mundo Oculto] (Londres: Trübner, 1881) e *Esoteric Buddhism* [Budismo Esotérico] (Trübner, 1883). Allan Octavian Hume (1829-1912), um ornitólogo e funcionário público britânico civil que deu origem ao Congresso Nacional Indiano, buscou o mesmo privilégio. Com Sinnett ele fundou o Ramo Eclético da ST em Simla, onde HPB era uma visitante frequente. Sua arrogância, insistência em provas científicas de seus ensinamentos secretos e desdém por Blavatsky, levaram os *mahtmas* a interromper a correspondência. Em sua totalidade, essas cartas deram ao Ocidente um insight dos ensinamentos mais recônditos da Fraternidade Oculta (isto é, secreta) e o propósito de apresentá-los ao Ocidente naquele momento. Os leitores aprenderam que os "mestres" não eram deuses, mas seres humanos avançados, tendo alcançado um estado de evolução que pode ser alcançado por qualquer pessoa. Eles não eram apenas hindus, ou budistas, mas membros de uma Irmandade transhimalaica que buscavam elevar a humanidade em todo o mundo.

Numerosos fenômenos foram produzidos por HPB naqueles primeiros dias na Índia. Embora os Mestres K. H. e Morya raramente aparecessem pessoalmente a alguém, muitos buscadores procuraram Adyar para testemunhar os fenômenos ocorridos na presença de seus mensageiros. Um retrato chamado "O Mensageiro", pintado pelo famoso artista russo Nicholas Roerich, simboliza a porta para o Oriente que HPB abriu para a humanidade. Agora está na Sede Internacional da Sociedade Teosófica em Adyar.

Enquanto Olcott se tornava cada vez mais envolvido pelo budismo e em prática curativa, HPB influenciava vários discípulos hindus, como Damodar K. Mavalankar e S. Ramaswamier. Damodar, depois de ler *Ísis* e se juntar à ST, escreveu... "Este estudo faz com que cada homem respeite a sua religião ainda mais." ("The Path in India" [O Caminho na Índia] , *The Theosophist*, maio de 1880, pp. 196-7.) Em pleno século 20, encontramos o trabalho de HPB aclamado por figuras indianas como Mohandas Karamchand Gandhi, Jawaharlal Nehru e S. Radhakrishnan. A influência da Sociedade Teosófica na sociedade indiana é amplamente reconhecida na Índia.

No entanto, uma sombra caiu sobre o trabalho da HPB entre 1884 e 1885, a qual criou uma disrupção por um tempo. Isso foi devido, em parte, à traição de Emma e Alexis Coulomb. Emma Coulomb ajudou Blavatsky quando HPB estava em apuros em sua viagem anterior pelo Cairo. Mais tarde, os

Coulombs apareceram em Adyar, implorando emprego. Como ajudantes domésticos em Adyar, eles tinham acesso ao santuário onde as cartas dos mestres eram materializadas. Tendo sido expulsos por difamação e extorsão de fundos da ST enquanto os fundadores estavam na Inglaterra, os Coulombs se recusaram a sair imediatamente. Tornaram-se peões à disposição de missionários cristãos ao aceitar dinheiro para forjar cartas na caligrafia de HPB. Estas cartas foram reproduzidas na revista *Madras Christian College*, de 11 de setembro de 1884, sob o título "O Colapso de Koot Hoomi". Emma Coulomb afirmou que o santuário gabinete era acessado do quarto de Blavatsky por painéis deslizantes secretos na parte posterior. (*Some Accounts of My Intercourse with Madame Blavatsky from 1872 to 1884*. Madras: Higginbotham and Co., 1884). Uma investigação inepta e tendenciosa de seus poderes psíquicos foi conduzida por Richard Hodgson da Society for Psychical Research. Embora afirmando desde o início que era favorável a Blavatsky e aos teosofistas, ele manteve a opinião de que Blavatsky era uma espiã russa. De acordo com Judge, enviado para investigar as acusações, os painéis do santuário tinham sido acrescentados recentemente por Alexis Coulomb, um carpinteiro experiente. O relatório acusatório da Society for Psychical Research foi repudiado por Adlai Waterman em seu *Obituary: The "Hodgson Report" on Madame Blavatsky, 1885-1960* (Adyar: T.P.H., 1963). Em 1986, Vernon Harrison da S.P.R. apontou muitas falhas no Relatório Hodgson ("*J'Accuse*", Journal of the Society for Psychical Research, abril de 1986, Vol. 53, pp. 286-310).

Com relação às acusações de que HPB havia escrito as cartas dos Mahatmas, as descobertas de Harrison se pareciam com conclusões anteriores do Dr. Ernst Shütze, em 1886, sobre as disparidades de estilos da escrita; e do Dr. Paul L. Kirk do departamento criminológico da Universidade da Califórnia em 1964. Charles Marshall usou uma análise computadorizada da sintaxe e do estilo de escrita de HPB e dos mestres KH e M. para provar que ela não era a autora das cartas ("*The Mahatma Letters – A Syntactic Investigation on the Possibility of Forgery by Helena Petrovna Blavatsky, a 19th Century Oc-*

cultist" [As Cartas dos Mahatmas – Uma Investigação Sintática sobre a Possibilidade de Falsificação por Helena Petrovna Blavatsky, uma Ocultista do Século XIX], Viewpoint Aquarius, London, England, October 1980).

Revoltada, desanimada e doente, em 1885, HPB deixou a Índia, porque Olcott e outros teosofistas recusaram-se a buscar reparo numa ação legal. Suas observações sobre esse período estão em "Why I Do Not Return to India" [Por que não volto para a Índia], (Blavatsky Collected Writings, Vol. XII, p. 162):

"Eu digo, se os membros da Sociedade, e especialmente seus líderes em Adyar, hindus e europeus, tivessem se unido como um só homem naquele momento crítico, firmes em suas convicções da realidade e do poder dos mestres, a Teosofia teria saído mais triunfalmente do que nunca, e nenhum de seus medos teria se concretizado, por mais astuciosas que fossem as armadilhas legais preparadas para mim e quaisquer que fossem os enganos e erros de julgamento que eu, a humilde representante deles, pudesse vir a cometer na conduta executiva do assunto."

Mas a lealdade e a coragem das autoridades de Adyar e dos poucos europeus que confiavam nos mestres não eram proporcionais à adversidade quando ela veio. Apesar dos meus protestos, fui afastada para longe da sede. Doente como estava, quase morrendo de verdade, como disseram os médicos, ainda assim protestei e teria lutado pela teosofia na Índia até meu último suspiro, se tivesse encontrado apoio leal. Mas alguns temiam complicações legais, algumas do governo, enquanto meus melhores amigos acreditavam nas ameaças dos médicos de que eu deveria morrer se permanecesse na Índia.

Em Würzburg, na Alemanha, Blavatsky recuperou a saúde graças a Constance Wachtmeister, que então a ajudou a transcrever seu maior trabalho. (Veja *Wachtmeister's Reminiscences of H. P. Blavatsky and "The Secret Doctrine"*, London: Theosophical Publishing Society, 1893). Mais tarde, HPB passou o verão de 1886 em Ostende, recebendo numerosas visitas de estudantes ingleses à medida em que prolongava sua permanência lá durante o outono. Naquele outono, a impressão do *Sinnett's Incidents in the Life of Madame Blavatsky* contribuiu muito para restaurar a confiança, superando a reação adversa ao relatório da S.P.R. O livro de Sinnett retratou HPB como uma pessoa extraordinariamente humana e dedicada. Naquele mesmo ano, Blavatsky doou a titularidade de sua fábrica de tinta para uma mulher pobre à sua porta. O empreendimento na fábrica de tintas deveu-se à baixa qualidade da tinta disponível em Ostende naquele verão. Então HPB conseguiu ela própria fabricar a tinta. Enquanto isso, estudantes de Londres imploravam repetidamente a ela que viesse e formasse um centro para verdadeiros trabalhadores lá. A Loja de Londres que existia era frequentada apenas pelas classes altas, e o seu crescimento estagnara. Archibald e Bertrand Keightley providenciaram alojamento na Inglaterra e ajudaram-na a se transferir durante esse período da grave doença.

É declarado por Blavatsky que várias vezes ela foi salva da morte por seu Mestre Morya. Isso foi atestado por vários médicos que estiveram à sua cabeceira durante aquelas crises. Em um desses episódios, o Dr. Ashton Ellis veio de Londres para Ostende, na Bélgica, a pedido da condessa Wachtmeister, para atender HPB. Lá, até mesmo um advogado e um cônsul americano, que haviam sido convocados para redigir seu testamento, testemunharam a sua notável recuperação. (Veja Cranston, pp. 320-1). Vários dias depois, ela apresentava condições para a viagem a Londres.

Logo após a chegada de HPB em Londres, em 19 de maio de 1887, foi fundada a Loja Blavatsky. Em 25 de maio, uma editora foi formada para ajudar na produção de *A Doutrina Secreta*, e uma nova revista, Lúcifer, foi lançada. Sua ênfase era filosofia e ética teosóficas e não fenômenos ocultos. Mabel Collins foi originalmente coeditora, substituída mais tarde por Annie Besant. A HPB Press cuidou de toda a impressão.

Lançada na Europa, *A Doutrina Secreta* (D.S.) foi publicada em Londres em 1888 pela Theosophical Publishing Company. Mais tarde, em 1889, Keightley descreveu ao repórter do New York Times como HPB teve poucos livros para consultar ao escrever a D.S. As muitas citações que HPB vira astralmente, ele próprio checou no Museu Britânico e descobriu que eram precisas. Esse trabalho monumental acabou por influenciar muitos cientistas e acadêmicos, incluindo William Crookes, o Dr. Hübbe-Schleiden, editor da The Sphinx [A Esfinge], e o cabalista J. Ralston Skinner, cujo trabalho e correspondência Blavatsky citava frequentemente. A D.S. também atraiu numerosos admiradores do Renascimento Literário Irlandês, incluindo George W. Russell (AE), Charles Johnston, William B. Yeats, W. K. Magee (John Eglinton) e Charles Weekes. Membros da Loja de Dublin da ST, esse grupo celta proclamou a Fraternidade Universal e a tradição esotérica da divindade interna do homem como seu objetivo, ganhando impulso na "Filosofia Perene" de HPB. A proeminente reformadora inglesa Annie Besant, revisou o compêndio de dois volumes de Blavatsky no que diz respeito à Cosmogênese e à Antropogênese para o London's Pall Mall Gazette (25 de abril de 1889), e tornou-se estreitamente ligada a HPB até o fim de sua vida. Em 1890/91, as *Transactions of the Blavatsky Lodge* [Atas da Loja Blavatsky] foram publicadas pela Theosophical Publishing Society, fornecendo respostas diretas de HPB às perguntas dos estudantes relacionadas à Doutrina Secreta.

O livro *A Doutrina Secreta* não foi planejado apenas para o tempo de HPB, mas para as gerações futuras. Seu vasto escopo abrange a origem cósmica e a ancestralidade divina do homem. Enormes ciclos de desenvolvimento através dos reinos da natureza conferem a possibilidade de alcançar-se um estado exaltado similar àquele dos adeptos dos quais ela extraiu seus ensinamentos. Blavatsky demonstrou que todo o sistema de cosmogonia antiga não era a "fantasia de um ou vários indivíduos isolados", mas o "registro ininterrupto que cobria milhares de gerações de videntes... Nenhuma visão de um adepto era aceita sem que fosse verificada e confirmada pelas visões... de outros adeptos e por séculos de experiências."(SD I: 272-73).

Um estudante daqueles volumes pode hoje testemunhar cientistas modernos atestando várias de suas declarações proféticas. Vários, como os doutores Freeman Dyson, David Bohm, Rupert Sheldrake e até Stephen Hawking, expressam ideias parecidas com a proposição de que este é um universo de ordem multinível, não um acaso! Albert Einstein foi descrito como tendo *A Doutrina Secreta* em sua escrivaninha. A maioria dos físicos e astrônomos afirma que nossa origem é de fato a abóbada estrelada, compreendendo estados de matéria e energia (ou campos de interação) além de nossas percepções físicas, mas registrados com a avançada tecnologia da astrofísica e da radioastronomia do século XX.

Em outubro de 1888, HPB convidou todos os teósofos com inclinações compatíveis a ingressar numa escola esotérica [E.E.]. Ela deveria ser organizada nas "linhas originais" da ST, a fim de promover o "estudo mais aprofundado da filosofia esotérica". A Seção Esotérica deveria estar somente sob a direção de Madame Blavatsky, sem nenhuma conexão oficial ou corporativa com a Sociedade Teosófica. Como W. Q. Judge tinha apelado por diretrizes e pedido a HPB para "tornar pública a Seção Interna", ela pediu a ele que viesse para a Inglaterra. Ele foi para ajudar a fundar o E. E. segundo o lineamento geral de seu rascunho manuscrito para um Memorando Preliminar e Regras que ele havia enviado a ela anteriormente. Muitos nos EUA queriam servir mais diretamente à causa dos mestres, tornando-se chelas leigos. Judge foi nomeado como o único representante de HPB na América.

Durante esses últimos anos, quando sua saúde estava piorando rapidamente, ela não apenas fundou a revista Lucifer, mas continuou a escrever artigos para o The Theosophist, bem como cartas para importantes jornais e revistas mundiais. Em Lúcifer (Vol. IV, p. 188; CW XI: 202) HPB escreveu:

"A Teosofia real é altruísmo, e não podemos repeti-lo a todo instante. É amor fraterno, ajuda mútua, devoção inabalável à verdade."

Sua joia devocional, *A Voz do Silêncio,* foi publicada em 1889, precedida no mesmo ano por *A Chave para a Teosofia*. *A Voz*, a maioria dos teosofistas concorda, expressa a doutrina do coração da teosofia. Ela foi aclamada pelo Dr. D. T. Suzuki como "verdadeiro budismo *mahãyãna*" nas Notícias Budistas de Agosto de 1965 (p. 90). HPB escreveu-a em Fontainebleau, perto de Paris, onde foi se recuperar por exigência de seu médico. Em meio ao ar revitalizante da floresta, ela escreveu seu trabalho mais poético. Baseada no *Livro dos Preceitos de Ouro*, HPB havia aprendido 39 dos 90 tratados de cor, provavelmente em uma viagem anterior ao Tibete. Ela os dedicou aos "poucos verdadeiros místicos da Sociedade Teosófica". Desde então, muitos poetas, incluindo Alfred Lord Tennyson e Edwin Arnold, aclamaram o valor daquelas obras. Tennyson estava lendo *A Voz* pouco antes de sua morte de acordo com Cranston (p. 390). William James, um membro do ST, cita várias passagens em *The Varieties of Religious Experience* [As Variedades de Experiência Religiosa], afirmando: "Há uma borda da mente que essas coisas assombram; e sussurros dela se misturam com as operações de nosso entendimento, tal como as águas do oceano infinito enviam suas ondas para romperem os seixos que se encontram em nossas costas "(N.Y.: *Longmans Green*, 1925, pp. 421-2).

A Voz do Silêncio, escreveu o 14° Dalai Lama em abril de 1989, "influenciou fortemente muitos buscadores e aspirantes sinceros da sabedoria e compaixão do caminho do *bodhisattva*". Escrito em forma de diálogo, *A Chave para a Teosofia* (Londres: TPH, 1889) foi considerado seu esboço mais claro dos ensinamentos teosóficos. Seu prefácio afirma que não deve ser considerado um livro texto exaustivo da teosofia, "mas apenas uma chave para abrir a porta que leva ao estudo mais profundo". Ele oferece aos estudantes atuais meios práticos para ajudar a aliviar os males sociais que ainda hoje nos afligem. HPB escreve na p. 229:

"Dever é aquilo que é devido à humanidade, aos nossos semelhantes, vizinhos, família e especialmente aquilo que devemos a todos aqueles que são mais pobres e desamparados do que nós mesmos".

As *Blavatsky's Letters to the American Conventions* [As Cartas de Blavatsky para as Convenções Americanas] instilam a mesmas preocupações humanitárias. Em uma carta para Judge que HPB lhe pediu para ler na segunda convenção anual da Seção Americana da ST (22 de abril de 1888), ela afirma que

"os teosofistas são necessariamente os amigos de todos

os movimentos do mundo, sejam intelectuais ou simplesmente práticos, para a melhoria das condições da humanidade. Somos amigos de todos aqueles que lutam contra a embriaguez, contra a crueldade para com os animais, contra a injustiça para com as mulheres, contra a corrupção na sociedade ou no governo, embora não nos intrometamos na política."(CW IX: 246).

A própria Blavatsky financiou a abertura de uma residência para moças mal remuneradas em agosto de 1890, insistindo em que este "Clube de Mulheres" estaria aberto a todas.

Tendo falecido em 8 de maio de 1891, o corpo de HPB foi cremado em Surrey, na Inglaterra. A notícia de sua morte foi amplamente anunciada em todo o mundo. O jornal indiano *The Indian Mirror* de 15 de maio declarou: "Ela não era dessa ou daquela nação. A terra toda era a sua casa, e toda a humanidade era seus irmãos..." (Cranston, p. 412). Por sua coragem, HPB foi chamada de "coração de leão". Quem mais se animaria a começar uma sociedade altruísta em meio a uma cultura materialista, em uma terra estrangeira, cuja língua ela mal conhecia? William Q. Judge afirmou que ela lidou com a mente do século que encontrou, capaz de "injetar no pensamento do dia as ideias, as doutrinas, a nomenclatura da religião-sabedoria..." (The Path, Nova York, junho de 1891, Vol. VI, p. 68). Num tributo editorial, o New York Tribune de 10 de maio de 1891 viu além de toda a difamação que ela sofreu nas mãos da imprensa:

"Poucas mulheres em nosso tempo foram mais persistentemente deturpadas, caluniadas e difamadas do que Madame Blavatsky, mas, embora a maldade e a ignorância tenham feito o pior sobre ela, há abundantes indícios de que o trabalho de sua vida se justificará, durará e funcionará para o bem... A vida de Madame Blavatsky foi notável, mas este não é o lugar nem a hora de falar de suas vicissitudes. Deve bastar dizer que, durante quase vinte anos, ela se dedicou à disseminação de doutrinas cujos princípios fundamentais são do mais alto caráter ético... Madame Blavatsky sustentou que a regeneração da humanidade deve estar baseada no desenvolvimento do altruísmo. Nisto ela era uníssona com os maiores pensadores, não só dos dias atuais, mas de todos os tempos... Isso por si só autorizaria seus ensinamentos a serem levados em consideração sincera e séria por todos os que respeitam as influências que contribuem para a justiça... e algum dia, se não imediatamente, a altivez e pureza de seus objetivos, a sabedoria e o alcance de seus ensinamentos serão reconhecidos mais plenamente, e com justeza à sua memória será concedida a honra que lhe é de direito."

Padre foi precursor da Teosofia na Itália[58]

O primeiro contato com a teosofia na Itália pode ser atribuído à presença frequente de H. P. Blavatsky, onde, sem dúvida, conheceu muitas pessoas que mais tarde se tornaram membros da Sociedade Teosófica. Ela visitou Trieste, Veneza, Roma, Bolonha, Bari e Nápoles. É relatado que ela esteve com os patriotas italianos Giuseppe Garibaldi (1807-82) e Giuseppe Mazzini (1805-72); este último ela aparentemente conheceu em Londres no ano de 1851. Como voluntária, ela alegou ter participado na batalha de Mentana comandada por Garibaldi (na tentativa de capturar Roma) no ano de 1867 (Cranston e Williams, p. 79).

A teosofia (no sentido amplo inicial de ensinamentos sobre este e outros mundos divinos) era conhecida na Itália antes da formação da Sociedade Teosófica. O filósofo italiano Antonio Rosmini Serbati (1797-1855), um padre católico, escreveu um grande trabalho em oito volumes com o título *Teosofia*, publicado em 1859, após a sua morte, e que foi condenado pela Igreja Católica. O primeiro centro teosófico foi estabelecido em Milão (1890) por J. Murphy, ajudado por Alfredo Pioda, que também estabeleceu o primeiro centro teosófico em Locarno (Suíça) e iniciou a revista La Nuova Parola. A primeira Loja e biblioteca de empréstimo foi organizada em Roma (1897) através dos esforços de C. A. Lloyd e Decio Cal-

[58] Fonte: "Italy, Theosophy in", verbete da enciclopédia teosófica Theosopedia. (*http://theosophy.ph/encyclo/index.php?title=Italy,_Theosophy_in*). Tradução: Edilson A. Pedrosa.

vari, que era o secretário do Parlamento italiano. Esta Loja traduziu e publicou vários livros Teosóficos, entre os quais *O Mundo Oculto* e o *Budismo Esotérico* de Alfred P. Sinnett. Mais ou menos na mesma época, foram fundadas lojas em Gênova e Palermo por meio dos esforços do cônsul britânico, Macbean Reginald Gambier. Mais tarde, Isabel Cooper-Oakley ajudou a formar lojas em Florença, Milão, Nápoles, Roma e Torino. A Seção Italiana da Sociedade foi estabelecida em 1° de fevereiro de 1902, na presença de Charles W. Leadbeater, com Oliviero Boggiani como seu primeiro Secretário Geral. Em Trieste, a primeira loja foi fundada em 1908, após uma visita de Annie Besant, mas um centro teosófico pode ter existido anteriormente e ter sido visitado pelo famoso explorador e cônsul britânico em Trieste Francis Richard Burton (1821-90) que traduziu *The Thousand Nights and a Night* (1885-88), popularmente conhecido como *The Arabian Nights*, em inglês.

Durante a Primeira Guerra Mundial (1914-18), a atividade das lojas Italianas foi consideravelmente reduzida devido ao serviço militar (no qual vários membros morreram) e à escassez de papel para a publicação de livros da revista e da Seção. No final da guerra, a filiação e o número de lojas aumentaram, assim como a impressão de livros.

A teosofia floresceu até o advento do governo fascista italiano, que adotou a discriminação racial nazista e a perseguição aos judeus. Para continuar o trabalho da Sociedade na Itália, o Secretário Geral, Tullio Castellani, propôs abolir o primeiro objetivo do Teosófico para evitar um choque com a lei.[59] Em um memorável encontro de representantes de quase todas as lojas na Itália, em 20 de novembro de 1938, essa proposta foi rejeitada. O governo fascista ordenou a dissolução da ST na Itália por um decreto publicado pelo prefeito de Gênova. No entanto, as reuniões de membros continuaram secretamente de tempos em tempos em outro lugar, mas isso não escapou à vigilância da polícia, e vários membros foram ameaçados de detenção, perseguidos, e alguns foram presos e deportados para a Alemanha. Alguns não sobreviveram. A seguir, o texto do decreto que aboliu a ST na Itália, emitido

[59] O primeiro objetivo da ST é: "Formar um núcleo da Fraternidade Universal da Humanidade sem distinção de raça, credo, sexo, casta ou cor." (N.T.)

pelo governo fascista:

> A Prefeitura Real de Gênova,
> De acordo com o relatório da sede da polícia de 30 de novembro de 1938-XVII, parece que a Sociedade Teosófica Italiana, na maior parte de seus membros, é composta de pessoas que demonstram pouca compreensão dos princípios básicos do fascismo e realizam uma atividade muitas vezes oposta à política do Governo Nacional sob o pretexto de estudos espirituais. Considerando que muitos membros da Sociedade Teosófica Italiana, longe de perseguir qualquer ideal elevado, deixam-se levar, especialmente dos últimos tempos, por manifestações sectárias e demagógicas; de acordo com o telegrama do Exmo. Ministério da Casa n° 470-442, de 4 de janeiro de 1939-XVII e com o artigo 210 da lei em vigor, da polícia civil,
>
> Decreta
> A Sociedade Teosófica Italiana, com sua sede central em Gênova, Piazza del Ferro n° 3, está dissolvida; dissolvem-se consequentemente todos os grupos da mesma sociedade existentes em Gênova sob o título de "Giordano Bruno" e nas seguintes cidades: Bari, Forlì, Milão, Roma, Turin, Florença, Veneza e Trieste. "Os inspetores da polícia de Gênova e das outras cidades citadas estão obrigados a executar este decreto. Gênova, 14 de janeiro de 1939-XVII."

O presidente George S. Arundale nomeou Giuseppe Gasco como agente presidencial na Itália, e este ocupou o cargo até o final da Segunda Guerra Mundial (1939-1945). Gasco foi eleito posteriormente Secretário Geral e até a sua aposentadoria no ano de 1956. Imediatamente após a guerra, a Seção passou por uma grande renovação de atividades, com novas lojas, um número maior de membros e a publicação de livros teosóficos. A editora Ars Regia, criada por Sulli Rao com a ajuda de Isabel Cooper-Oakley, deixou de existir; mas, logo após, foi criada por Gaetano De Martino outra editora teosófica, Alaya. Em 1952, em Trieste, foi criada a editora Sirio, que funcionou até 1995. A nova editora Edizioni Teosofiche Italiane foi fundada em Vicenza em 2001 e, desde então, tem sido a editora oficial da Sociedade Teosófica Italiana.

Por decreto do presidente da República Italiana, o governo da Itália concedeu um ato de incorporação à Seção em 15 de setembro de 1980. A partir de então, a Sociedade Teosófica na Itália tem crescido a cada ano e teve a sorte de receber vários legados que ajudaram grandemente o trabalho teosófico. No atual momento, a Sociedade na Itália compreende 51 lojas e centros com 1043 membros em dia.

Uma série de iniciativas foram tomadas em Assis em 2002 para o centenário da Sociedade Teosófica Italiana (1902-2002). Em especial, um congresso foi organizado com a participação de eminentes representantes da Sociedade Teosófica de todo o mundo (incluindo Radha Burnier, presidente internacional; Tran-Thi-Kim Dieu, presidente da Federação Europeia de teosofia; Nelda Samarel, diretora do Escola Krotona de teosofia, Diana Dunningham Chapotin, secretária internacional da Ordem Teosófica do Serviço e Phan-Chon-Ton, cientista). Houve também uma exposição mostrando a história e o desenvolvimento do movimento teosófico na Itália, incluindo uma ampla gama de documentos, revistas e publicações teosóficas e vídeos. Parte da exposição foi dedicada ao impacto das ideias teosóficas sobre representantes notáveis da cultura italiana, como Giuseppe Calligaris, Aldo Capitini, Pietro Ubaldi e Maria Montessori.

A Sociedade Teosófica Italiana sentiu-se profundamente honrada e amplamente privilegiada por organizar o Décimo Congresso Mundial da Sociedade Teosófica em Roma, de 10 a 15 de julho de 2010, com o tema "Fraternidade Universal sem Distinção: um Caminho para a Consciência". Mais de 500 delegados vindos de 39 países participaram do evento, presidido por Radha Burnier. O presidente da República Italiana, Giorgio Napolitano, enviou uma mensagem de cumprimentos que foi lida durante a cerimônia de abertura. O congresso foi uma ocasião importante para uma pesquisa minuciosa realizada por intermédio de trabalhos fraternos. Vinte palestras, todas agora disponíveis para *download* no site oficial da Sociedade

Teosófica Italiana, foram entregues durante o congresso de cinco dias. Além disso, três grupos de estudo foram criados para contribuir com trabalhos específicos. Uma área especial chamada "Casa Itália" foi montada para a exibição de material digitalizado sobre a história da Sociedade Teosófica Italiana. Outros eventos incluíram reuniões, filmes e a apresentação da nova edição italiana de alguns livros teosóficos. Um bazar de caridade, administrado pela Ordem Teosófica Italiana de Serviço, operou durante o congresso a fim de arrecadar fundos para as iniciativas internacionais da O. T. S.

Durante os quase cem anos anteriores, cerca de 300 trabalhos sobre teosofia foram publicados, a maioria traduzida da literatura clássica da teosofia.

Por mais de um século, a Sociedade Teosófica Italiana publicou várias revistas, tais como: Teosofia (1898-1902) em Roma; Bollettino della Sezione Italiana della Società Teosofica (1907-1920), em Gênova; Ultra (1907-1934) em Roma; Gnosi, Rivista di Studi Teosofici (1919-1936) em Turim; Il Loto (1930-1939) em Florença; Società Teosofica Italiana Bollettino (1935-1937 e 1945-1948); Alba Spirituale (1948-1968) em Savona-Roma-Florença; Rivista Teosofica Italiana (1968-1971) em Florença; Rivista Italiana di teosofia (1971-1995) em Trieste e desde 1995 em Vicenza.

A seguir, uma lista dos secretários gerais na Itália:

Oliviero Boggiani (1901-1904)
Decio Calvari (1904-1905)
Otto Penzig (1905-1918)
Emilio Turin (1919-1920)
Oliviero Boggiani (1920-1929)
Luisa Gamberini Cavallini (1929-1934)
Tullio Castellani (1934-1939)
Giuseppe Gasco, agente presidencial (1939-1946)
Giuseppe Gasco (1946-1956)
Giuseppe Filipponio (1956-1962)
Roberto Hack (1962-1971)
Edoardo Bratina (1971-1995)
Antonio Girardi (1995-)

A Seção Italiana teve a sorte de atrair um número considerável de pessoas eminentes para serem membros. Entre eles estão estes:

Príncipe Fabrizio Ruspoli (1878-1935), almirante,
Otto Penzig (1856-1929), um botânico,
Roberto Assagioli (1888-1974), fundador da psicossíntese,
Edoardo Bratina (1913-1999), estudioso e escritor,
Bernardino del Boca (1919-2001), antropólogo, pintor e escritor,
Maria Montessori (1870-1952), pedagoga,
Pietro Ubaldi (1886-1972), filósofo,
Giuseppe Calligaris (1876-1944), cientista,
Gaetano De Martino (1899-1966), jurista e filantropo,
Lando del Sere (1900-1985), professor,
Enzo Forcellini (1910-2001), professor,
Renato De Grandis (1927-2008), músico.

O que os teósofos pensam a respeito da intuição?[60]

A Teosofia sustenta que o homem é um ser muito complexo, feito de sete partes componentes, chamadas princípios. O primeiro deles é o corpo físico; o segundo, chamado "duplo etérico" é a mais sutil contrapartida deste corpo; o terceiro, o *prana*, o princípio da vida, ou vitalidade, que une entre si os dois outros. O quarto princípio chama-se *kâma rupa*, ou o corpo dos desejos, a sua natureza "astral"; segue-se o *manas*, ou mental; o sexto é *buddhi*, a sua intuição; e finalmente o sétimo é *âtmâ* a divina natureza da alma, que é inseparável da natureza de Deus.

Na enumeração destes princípios, a natureza de *buddhi*, ou intuição, tem sido estudada pelos Teósofos. Eles afirmam que a verdadeira intuição não é resultante de qualquer processo do mental. A mente examina um objeto e toma dele conhecimento, estudando-o por fora; a intuição toma dele conhecimento, tornando-se una com ele. O conhecimento que a intuição obtém é por identificação e não por análise. Para dar um exemplo: se a inteligência examina um indivíduo, tem que reunir o material que lhe diz respeito, fatos concernentes à sua natureza física, as suas reações emotivas, a natureza do seu mental e tanto quanto lhe for possível, um registro do que ele tem feito. Seguidamente, o mental faz o seu juízo sobre esses elementos. Mas, como nós todos sabemos muito bem, o juízo que os outros podem fazer a nosso respeito pelo mental,

[60] Excerto da obra de C. Jinarajadasa *A Nova Humanidade da Intuição* (Ed. Lisboa, 1938).

falha lamentavelmente, no tocante à nossa verdadeira natureza. O juízo dos outros é muitas vezes severo e injusto. Eles não nos conhecem realmente. É esse o método mental.

Mas a intuição procede de modo diferente: por artes misteriosas, ela identifica-se com o indivíduo que deseja compreender. Unifica-se com os seus pensamentos e sentimentos. Sabe tudo o que o homem foi no passado; e, ainda, pela identificação com as suas esperanças e sonhos, ela descobre o homem oculto que não se revelou a qualquer exame mental. A intuição, por conseguinte, realiza um juízo mais pleno e verdadeiro respeitante ao homem. Isso explica, até certo ponto, o mistério que leva as grandes almas que têm uma profunda capacidade de compaixão, como os grandes santos, a serem tão indulgentes nos seus juízos. Eles não condenam o pecador, porque compreendem não só aquilo que ele fez, mas também o que ele esperava ser.

Sempre que se trate de compreender a vida e não a matéria inerte, é a intuição e só ela que dá a verdadeira compreensão. Quando, portanto, Bergson diz: «A intuição leva-nos à verdadeira intimidade com a vida, com o mesmo êxito absoluto com que a inteligência nos guia nos segredos da matéria», ele revela-nos uma grande verdade, a respeito da consciência, quando dirigida pela intuição.

A importância da Tradição dos Mistérios[61]

Em Krotona, como parte da acentuação da importância da Tradição dos Mistérios, e especialmente de fazer com que ela se torne uma influência potente e vivencial na vida das pessoas, acrescente: A importância, para aqueles suficientemente despertos para o conhecimento das Hostes Angélicas, de aprender a colaborar com elas quer sejam capazes de vê-las ou não. Pois isso é uma parte valiosa da contribuição da Tradição dos Mistérios que deverá ser reestabelecida cada vez mais publicamente, na medida em que a humanidade se torne pronta e responsiva. Portanto, Geoffrey, sua introdução a isso, que na verdade não foi um mero acidente, mas uma intrusão deliberada em sua vida por Nós, incluindo nisso até mesmo seu Peter![46] O momento atual da vida e história da S.T. deve ser caracterizado por uma acentuação altamente hábil, apresentável e aceitável da verdadeira Ciência Oculta em meio a toda confusão de hoje, e esses livros vão ajudar nisso enquanto vocês os apresentam como exemplos vivos dela. Se possível e for aceitável e prudente, apresente também a ideia da Iniciação e de tudo o que isso significa, mesmo para a E.E. e ... permitindo que seja conhecido, ainda que não seja dito explicitamente, que você é um Iniciado. Procure encontrar al-

[61] Trata-se da anotação do dia 16.5.1977 realizada em Onerahi, Northland, por Geoffrey Hodson no seu conhecido Diário Oculto, referente a instruções de Mestre Polidorus Isurenus, como consta da obra *Luzes do Santuário – Diário Oculto de Geoffrey Hodson*, Editora do Conhecimento, 1977, pp. 436-437. Destacamos a última e curiosa frase do texto em que o Mestre aconselha Geoffrey a deixar de lado, "por enquanto", a questão dos OVNIs.

guém nos Estados Unidos que possa começar a separar os aspectos verdadeiros e úteis do Ocultismo que agora estão sendo colocados diante do público de várias formas e separe-as das formas indesejáveis, que são muitas. Procure organizar um grupo para trabalhar nisso, se você for a Krotona, e mesmo se não for. Em outras palavras, procure iniciar um movimento grupal que poderia ser chamado de "O Falso e o verdadeiro" e estudem os exemplos constantes dos dois que são aparentes, principalmente nos Estados Unidos. Na verdade, uma opinião precisa ser apresentada, em favor do Ocultismo Branco. Se você não for, envie um artigo para *The Theosophist.*

Faça a pergunta: A S.T. não deveria estar liderando esse assunto de extrema importância do crescimento generalizado do interesse e do desenvolvimento geralmente errado do ocultismo?

Deixe a questão dos U.F.O.s como ela está, por enquanto.

Índice dos artigos até agora editados

Volume 1

Volume 2

Volume 3

Volume 4

Um Olhar Sobre a Filosofia Esotérica

EDILSON ALMEIDA PEDROSA

14x21cm, 912 p.

Sob inspiração dos mestres de sabedoria, Helena Blavatsky transmitiu ao mundo um colossal acervo de obras literárias fundamentais sobre a teosofia. Seus livros são a essência do pensamento esotérico mundial no que diz respeito ao surgimento e à evolução do Universo e da humanidade. A magnitude e complexidade de sua volumosa obra, eivada muitas vezes de vários conceitos intrincados, dificulta o acesso e a pronta compreensão do leitor que não está familiarizado com o assunto, limitando a atratividade de suas obras e afastando novos leitores. Para sanar tal dificuldade, este livro, *Um Olhar sobre a Filosofia Esotérica,* compacta, de maneira simplificada e organizada, praticamente todos os conceitos e temas importantes abordados naquela monumental obra, atualizando-os e comentando-os, de forma a colocar ao alcance de todos os leitores os mais importantes conceitos da filosofia esotérica expostos nos grandes clássicos do ocultismo.

Ainda que seja uma reflexão crítica mais generalizada daquela magna ciência, esta nova obra facilita a compreensão da estreita relação que o ocultismo mantém com os principais ramos do conhecimento humano, especialmente com as ciências da natureza, a quem a teosofia dá vida, instigando novas pesquisas. E ainda há uma rigorosa análise da simbologia das religiões e filosofias mundiais, com ênfase na visão esotérica do cristianismo e discussões sobre as suas doutrinas e mitos que são de difícil aceitação quando examinados ao pé da letra.

Luz do Santuário

GEOFFREY HODSON

14x21cm, 680 p.

O Diário Oculto de Geoffrey Hodson é uma preciosidade para todos os leitores engajados na busca espiritual. Contudo, para os aspirantes ao caminho acelerado da Senda Oculta, trata-se de um verdadeiro tesouro, pois revela uma série de detalhes sobre a vida dos discípulos, relatados por um discípulo iniciado.

O livro apresenta descrições das diferentes fases da vida oculta de Geoffrey, um dos mais destacados teósofos do século vinte, começando por sua primeira experiência paranormal, quando ele tinha apenas cinco anos de idade e viu um grande deva kundalini adentrar seu chacra coronário, restabelecendo seus dons extra-sensoriais. Mais tarde, a clarividência lhe permitiu contatos rotineiros com o mundo invisível, abrindo caminho para o conhecimento dos trabalhos dos devas em nosso mundo.

A descrição do seu treinamento, os contatos mantidos por ele com os grandes Mestres da Sabedoria e a diversidade dos trabalhos de um discípulo iniciado, registrados aqui, atestam a enorme importância deste pesquisador nos vários segmentos da Ciência em que prestou colaboração, em parceria com médicos, físicos, antropólogos e professores de sua época, que lhe renderam reconhecimento e respeito internacional.

A riqueza de detalhes sobre a vida dos aspirantes, dos discípulos e dos iniciados vai superar todas as expectativas do leitor.

LUZES DA TEOSOFIA – VOL. 4
foi confeccionado em impressão digital, em abril de 2020
Conhecimento Editorial Ltda
(19) 3451-5440 — conhecimento@edconhecimento.com.br
Impresso em Super Snowbright_b 70g. – Hellefoss AG